Curso

La diferencia entre aprobar y sacar plaza

Pinche

AF212144

SERVICIO RIOJANO DE SALUD

Accede a tu **Curso MAD360** y disfruta de los siguientes recursos:

- Técnicas de Memoria 360.
- Test *online*.
- Temario en formato digital.
- Planificación de estudio.
- Foro entre opositores hasta la fecha del examen.*
- Recursos y novedades exclusivas.
- Consulta sobre la oposición y el proceso selectivo.
- Actualizaciones legislativas (Boletines Oficiales) hasta 60 días antes de la fecha del examen.*

Para acceder al Curso MAD360** será necesaria la compra de todos los libros para esta especialidad de la edición 2024.

Valida los códigos que encuentras en la última página de tus libros y disfruta de la experiencia MAD360.

Infórmate en: mad.es/registro-campus

NOTA IMPORTANTE:

* Examen de esta categoría profesional correspondiente a la convocatoria publicada en el BOR n.º 257, de 28/12/2023, o hasta el 30 de junio del 2025, lo que se cumpla antes.

** El acceso al CURSO MAD360 estará disponible desde febrero de 2024 (algunos recursos podrían estar disponibles en fecha posterior). Tendrá una duración de 365 días, desde la validación de códigos, o hasta el 31 de diciembre del 2025, lo que se cumpla antes.

MAD se reserva el derecho a ampliar dichas fechas.

Pinche del Servicio Riojano de Salud

Febrero, 2024

Pinche del Servicio Riojano de Salud

Test del Temario

DOMINGO GÓMEZ MARTÍNEZ
Licenciado en Derecho
Técnico de Función Administrativa

FRANCISCO JESÚS TORRES FONSECA
Licenciado en Derecho

JOSÉ LUIS GARRIDO VELA
Licenciado en Derecho

TERESA MARÍA TORRES FONSECA
Licenciada en Derecho

ANA MARÍA SERRANO BÁRCENA
Licenciada en Biología

© 7 Editores Recursos para la Cualificación Profesional y el Empleo, S.L. (7 Editores)
© Los autores
Primera edición, febrero 2024 (296 páginas)
Derechos de edición reservados a favor de 7 Editores
IMPRESO EN ESPAÑA
Diseño Portada: 7 Editores
Edita: 7 Editores
Avda. San Francisco Javier, 9 · Edificio Sevilla 2 · Planta 11 · Módulos 25-27 · 41018 Sevilla
Teléfono: 954 784 411 · WEB: www.mad.es · e-mail: administracion@7editores.com
ISBN: 978-84-142-7896-3
© "Editorial Mad" y "Eduforma" son nombres comerciales registrados de
7 Editores Recursos para la Cualificación Profesional y el Empleo, S.L.

Índice

TEST PARTE GENERAL

TEST N.º 1

La Constitución Española de 1978

1. ¿En qué se fundamenta la Constitución Española?

a) En un Estado social y democrático de Derecho.
b) En la indisoluble unidad de la Nación española.
c) En la independencia de los poderes del Estado.
d) En la organización territorial del Estado.

2. Según el artículo 3 de la CE, el castellano es la lengua oficial del Estado y todos los españoles:

a) Tienen el deber de usar y el derecho de conocer el castellano.
b) Tienen el derecho y el deber de conocer el castellano.
c) Tienen el deber de conocer y el derecho de usar el castellano.
d) Tienen el derecho de conocer y usar el castellano.

3. La Constitución Española reconoce y garantiza el derecho a la autonomía:

a) De las nacionalidades que la integran.
b) De las regiones que la integran.
c) De las Comunidades Autónomas que la integran.
d) De las nacionalidades y regiones que la integran.

4. El Preámbulo de la Constitución:

a) Tiene en sí carácter de norma jurídica.
b) Es una declaración de intenciones, destinada a interpretar lo que se quiere alcanzar con el contenido normativo de la Constitución.
c) Se trata de un texto sin fuerza jurídica de obligar.
d) Las respuestas b) y c) son correctas.

5. Señala la respuesta correcta, respecto de la aprobación, ratificación y publicación de la Constitución Española:

a) Aprobada por las Cortes el 31 de octubre de 1978, ratificada por el pueblo en referéndum el 6 de diciembre de 1978 y publicada el 29 de diciembre de 1978.
b) Aprobada por las Cortes el 30 de octubre de 1978, ratificada por el pueblo en referéndum el 16 de diciembre de 1978 y publicada el 27 de diciembre de 1978.
c) Aprobada por las Cortes el 31 de octubre de 1978, ratificada por el pueblo en referéndum el 16 de diciembre de 1978 y publicada el 29 de diciembre de 1978.
d) Aprobada por las Cortes el 10 de octubre de 1978, ratificada por el pueblo en referéndum el 26 de diciembre de 1978 y publicada el 30 de diciembre de 1978.

6. ¿En qué parte de la Carta Magna se establece la exposición de motivos que impulsan la norma constitucional y los objetivos que con ella se pretenden alcanzar?

a) En el Título Preliminar.
b) En el Preámbulo.
c) En el Título I.
d) En el Título II.

7. La Constitución Española fue sancionada por:

a) El Rey.
b) El Presidente del Congreso.
c) Las Cortes Generales.
d) El Presidente del Gobierno.

8. ¿Cuáles de los siguientes españoles de origen pueden ser privados de su nacionalidad?

a) Exclusivamente los miembros de grupos terroristas.
b) Los miembros de grupos terroristas y los que atenten contra el Rey u otro miembro de la Casa Real.
c) Los que atenten contra un miembro de la Familia Real o del Gobierno de la Nación.
d) Ningún español de origen podrá ser privado de su nacionalidad.

9. Según la CE son fundamentos del orden político y la paz social:

a) La dignidad de la persona, los derechos violables que les son inherentes y el respeto a la ley.
b) La dignidad de la persona, el desarrollo limitado de la personalidad y el respeto a la ley.
c) El respeto a la ley, a los reglamentos administrativos y demás disposiciones legales.
d) La dignidad de la persona, los derechos inviolables que le son inherentes, el libre desarrollo de su personalidad, el respeto a la ley y a los derechos de los demás.

10. ¿Cuál de los siguientes es considerado por la CE como uno de los valores superiores del ordenamiento jurídico?

a) La jerarquía normativa.
b) El pluralismo político.
c) La publicidad normativa.
d) La equidad.

11. Señala la respuesta incorrecta respecto al Tribunal Constitucional:

a) Se organiza a través de las figuras del Presidente, el Pleno, las Salas y las Secciones.
b) El Presidente, será nombrado entre sus miembros por el Rey, a propuesta del mismo Tribunal en Pleno y por un período de tres años.
c) El Pleno lo preside el Presidente del Tribunal y, en su defecto, el Vicepresidente y, a falta de ambos, el Magistrado de mayor edad.
d) La distribución de asuntos entre las Salas del Tribunal se efectuará según un turno establecido por el Pleno a propuesta de su Presidente.

12. Para la adopción de los acuerdos de las Secciones del Tribunal Constitucional, se requerirá:

a) La presencia siempre de sus tres miembros.
b) La presencia de dos miembros, salvo que haya discrepancia, requiriéndose entonces la de sus tres miembros.
c) La presencia de tres miembros, salvo que haya discrepancia, requiriéndose entonces la de sus cinco miembros.
d) La presencia siempre de sus cinco miembros.

13. Señala la respuesta incorrecta respecto a las sentencias del Tribunal Constitucional:

a) Las sentencias y resoluciones del Tribunal Constitucional tendrán la consideración de títulos declarativos.
b) Todos los poderes públicos están obligados al cumplimiento de lo que el Tribunal Constitucional resuelva.
c) Las sentencias del Tribunal Constitucional se publicarán en el Boletín Oficial del Estado con los votos particulares, si los hubiere.
d) Salvo que en el fallo se disponga otra cosa, subsistirá la vigencia de la ley en la parte no afectada por la inconstitucionalidad.

14. ¿Quién nombra a los miembros del Tribunal Constitucional?

a) El Rey.
b) El Presidente del Gobierno.
c) Las Cortes Generales.
d) El Presidente del Tribunal Constitucional.

15. ¿Cuántos de los miembros del Tribunal Constitucional son propuestos por el Consejo General del Poder Judicial?

a) Cuatro.
b) Tres.
c) Dos.
d) Ninguno.

16. La iniciativa económica pública en España:

a) Debe ser subsidiaria de la privada.
b) Se prohíbe al consagrarse la libertad de empresa en el marco de la economía de mercado.
c) Está reconocida por la Constitución.
d) Se ejercerá solo cuando la planificación la imponga.

17. La planificación de la actividad económica se hará a través de:

a) Consenso con las fuerzas sociales.
b) Ley.
c) Decreto del Consejo de Ministros.
d) Todo lo anterior.

18. La creación de un tributo por una Corporación Local:

a) Se permite solo para su ámbito de actuación.
b) Está permitida, sin limitación alguna.
c) No se admite en nuestro ordenamiento jurídico.
d) Nada de lo expuesto es correcto.

19. En virtud del principio de progresividad tributaria:

a) Se implantarán paulatinamente cada vez mayores tributos.
b) Los tipos impositivos serán regresivos.
c) Prima el principio de igualdad en el pago de los tributos.
d) Nada de lo expuesto es cierto.

20. Además de en la vida económica y política, los poderes públicos deben fomentar la participación de los ciudadanos en la vida:

a) Cultural.
b) Social.
c) Corporativa.
d) Las respuestas a) y b) son correctas.

21. No puede instar la reforma de la Constitución el/los:

a) Presidente del Gobierno de la Nación.
b) Gobierno de la Nación.
c) Congreso de los Diputados.
d) Parlamentos autonómicos.

22. En el procedimiento ordinario de reforma constitucional, el referéndum es:

a) Obligatorio en todo caso.
b) Preceptivo cuando se solicite por una décima parte de los Diputados o Senadores, dentro de los quince días siguientes a la aprobación de la reforma.
c) Voluntario en cualquier caso.
d) Improcedente.

23. La disolución de las Cortes Generales, cuando se va a proceder a la reforma de la Constitución, se produce en caso de:

a) Reforma por el procedimiento excepcional.
b) Reforma por el procedimiento ordinario.
c) Cualquier tipo de reforma.
d) Que así lo estime oportuno el Rey.

24. No puede iniciarse la reforma constitucional en:

a) Tiempo de guerra.
b) El supuesto de que el Rey no lo estime oportuno.
c) Un período extraordinario de sesiones de las Cámaras.
d) Se puede efectuar en los tres supuestos anteriores.

25. En el procedimiento general de reforma constitucional, en principio, el proyecto de reforma debe ser aprobado por:

a) El Congreso de los Diputados por mayoría de dos tercios.
b) El Congreso de los Diputados y el Senado por mayoría de tres quintos.
c) Ambas Cámaras, por mayoría absoluta.
d) Una Comisión Paritaria.

26. El procedimiento excepcional de reforma está previsto en caso de intentarse esta respecto del siguiente Título de la Constitución:

a) Cualquiera.
b) Segundo.
c) Tercero.
d) Ninguno de los anteriores.

27. La entrada en un domicilio en caso de flagrante delito, sin autorización de su titular:

a) Puede dar lugar a la aplicación del habeas corpus.
b) Requiere autorización previa de la autoridad judicial.
c) Puede efectuarse en todo momento.
d) No puede realizarse en momento alguno.

28. Cuando, al conocerse la comisión de un delito por una persona, se acude a su domicilio para detenerla:

a) Está obligada a franquear la entrada.
b) Se necesitará autorización judicial para entrar, si no da su consentimiento para ello.
c) Pese a que no dé su consentimiento, se puede entrar.
d) Nada de lo anterior es correcto.

29. La autorización previa para celebrar una manifestación pública:

a) La da el Subdelegado del Gobierno en la Provincia.
b) Es ineludible.
c) Sería inconstitucional.
d) Se da cuando no se prevean alteraciones al orden público, con peligro para personas o bienes.

30. El tipo de sufragio que consagra la Constitución es el:

a) Proporcional.
b) Universal.
c) Censitario.
d) Las respuestas a) y b) son correctas.

31. Además de la no autoinculpación, la Constitución prevé que no se está obligado a declarar sobre un hecho presuntamente delictivo en caso de:

a) Parentesco y afinidad.
b) Cláusula de conciencia.
c) Secreto profesional.
d) Las respuestas a) y b) son correctas.

32. ¿Qué artículos de nuestra Constitución Española se dedican a la reforma constitucional?

a) Los artículos 166 a 169.
b) Los artículos 160 a 166.
c) Los artículos 58 a 107.
d) Los artículos 13 a 21.

33. Los Tribunales de Honor están prohibidos respecto de los/la/las:

a) Sindicatos y Organizaciones Profesionales.
b) Administración Civil y Militar.
c) Organizaciones Profesionales y la Administración Civil.
d) Todas las respuestas anteriores son correctas.

34. El secreto profesional, constitucionalmente, sirve para:

a) Ejercer con libertad una profesión titulada.
b) La libertad de creación científica y técnica.
c) No declarar sobre hechos presuntamente delictivos.
d) Todo lo anterior.

35. La fundación de una Internacional Sindical por un sindicato español:

a) Es libre.
b) Está prohibida.
c) Debe plasmarse en un Tratado Internacional.
d) Nada de lo anterior es cierto.

36. El ejercicio del derecho de petición a través de una manifestación ciudadana:

a) No se admite.
b) Se admite en algún caso.
c) Se admite, salvo para los militares.
d) Ni se admite ni se prohíbe.

37. Nuestro sistema tributario ha de ser:

a) Regresivo e igualitario.
b) Progresivo y generalizado.
c) Confiscatorio.
d) Justo y regresivo.

38. Según la Constitución Española, arbitra y modera el funcionamiento regular de las instituciones:

a) El Presidente del Gobierno.
b) El Rey.
c) El Estado.
d) Los tribunales de Justicia.

39. Las abdicaciones y renuncias y cualquier duda de hecho o de derecho que ocurra en el orden de sucesión a la Corona se resolverán:

a) Por ley.
b) Por decreto ley.

c) Por decisión de las Cortes Generales.
d) Por ley orgánica.

40. Si no hubiese a quien corresponda la Regencia, esta será nombrada por:

a) Las Cortes Generales.
b) El Congreso de los Diputados.
c) El Senado.
d) El Gobierno.

41. No necesita de refrendo:

a) Declarar la guerra y hacer la paz.
b) Expedir los decretos acordados en Consejo de Ministros.
c) Nombrar y relevar a los miembros civiles y militares de la Casa Real.
d) Todos los actos del Rey necesitan refrendo.

42. ¿A quién corresponde manifestar el consentimiento del Estado para obligarse por medio de tratados?

a) Al Rey.
b) Al Gobierno.
c) Al Estado.
d) Al Presidente del Gobierno.

43. El Defensor del Pueblo se configura constitucionalmente como alto comisionado:

a) Del pueblo.
b) De las Cortes Generales.
c) Del Poder Judicial.
d) Del Gobierno.

44. ¿De quién recibe órdenes el Defensor del Pueblo?

a) De las Cortes Generales.
b) No está sometido a mandato imperativo.
c) De los Tribunales.
d) Del Gobierno.

45. Si el príncipe heredero contrae matrimonio contra la expresa prohibición de las Cortes Generales:

a) No podrá casarse.
b) Podrá casarse, pero no podrá vivir en el palacio real.
c) Deberá antes de pedir autorización a las Cortes para poder contraerlo.
d) Será excluido en la sucesión de la corona.

46. Según el art. 59.5 de la Carta Magna, la Regencia se ejercerá:

a) Por mandato constitucional y en nombre del pueblo español.
b) Por mandato constitucional y en nombre de las Cortes Generales.
c) Por mandato constitucional y en nombre de la soberanía popular.
d) Por mandato constitucional y en nombre del Rey.

47. Las Cámaras se reúnen en sesiones:

a) Ordinarias y extraordinarias.
b) Simples o conjuntas.
c) Ordinarias, extraordinarias y conjuntas.
d) Ordinarias, extraordinarias y de urgencia.

48. Para adoptar acuerdos, las Cámaras deben estar reunidas reglamentariamente y con asistencia de la mayoría de sus miembros. Dichos acuerdos, para ser válidos, deberán ser aprobados:

a) Por la mayoría de los miembros presentes.
b) Por mayoría absoluta de sus miembros.
c) Por los 3/5 de cada una de las Cámaras.
d) Por los 2/3 del conjunto de las Cámaras.

49. ¿En qué plazo deberá ser convocado el Congreso electo tras la celebración de elecciones?

a) Entre los 30 y 60 días siguientes.
b) Dentro de los 25 días siguientes.
c) Entre los 10 y 30 días siguientes.
d) Dentro de los 30 días siguientes.

50. En las causas contra Diputados y Senadores será competente:

a) La Sala de lo Civil del Tribunal Supremo.
b) La Sala de lo Social del Tribunal Supremo.
c) La Sala de lo Contencioso-Administrativo del Tribunal Supremo.
d) La Sala de lo Penal del Tribunal Supremo.

51. Las Diputaciones Permanentes estarán presididas por:

a) El diputado de mayor edad.
b) El diputado del grupo parlamentario más numeroso.
c) El Presidente del Gobierno.
d) El Presidente de la Cámara respectiva.

52. ¿Cuántos Senadores corresponderán a Menorca?

a) 1.
b) 2.
c) 3.
d) 4.

53. ¿Quién nombra al Presidente del Tribunal de Cuentas?

a) El Presidente del Congreso de los Diputados.
b) El Rey.
c) El Congreso de los Diputados.
d) El Pleno del Congreso de los Diputados.

54. ¿De qué órgano constitucional depende el Tribunal de Cuentas?

a) Del Gobierno.
b) Del Tribunal Supremo.
c) Del Congreso de los Diputados.
d) De las Cortes Generales.

55. Las sesiones conjuntas del Senado y del Congreso serán presididas:

a) Por el Rey.
b) Por el Presidente del Gobierno.
c) Por el Presidente del Congreso.
d) Por el Presidente del Senado.

56. ¿Cuánto tiempo dura el mandato del Presidente del Tribunal de Cuentas?

a) Cuatro años.
b) Cinco años.
c) Tres años.
d) Dos años.

57. Los Senadores por provincias se elegirán por:

a) Sufragio universal, libre, igual, directo y secreto.
b) Sufragio directo, libre, igual, directo y secreto.
c) Sufragio internacional, directo, igual y secreto.
d) Sufragio universal, libre, secreto, igual y secreto.

58. ¿Cuál de las siguientes no es una de las cuatro Salas que integran la Audiencia Nacional?

a) De lo Contencioso-Administrativo.
b) De lo Penal.

c) De lo Civil.
d) De Apelación.

59. ¿Cuál es la Sala Tercera del Tribunal Supremo?

a) De lo Contencioso-Administrativo.
b) De lo Social.
c) De lo Penal.
d) De lo Militar.

60. ¿Cuántos Vocales integran el Consejo General del Poder Judicial?

a) Diez.
b) Doce.
c) Quince.
d) Veinte.

61. ¿Cuál de los siguientes no es uno de los órganos del Consejo General del Poder Judicial?

a) La Comisión de Calificación.
b) La Comisión Permanente.
c) La Comisión Disciplinaria.
d) La Comisión de Igualdad.

62. ¿A quién corresponde ejercer la alta inspección de Tribunales, así como la supervisión y coordinación de la actividad inspectora ordinaria de los Presidentes y Salas de Gobierno de los Tribunales?

a) Al Tribunal Supremo.
b) Al Ministro de Justicia.
c) Al Consejo General del Poder Judicial.
d) Al Tribunal Constitucional.

63. En la Audiencia Nacional no existe Sala de lo:

a) Penal.
b) Contencioso-Administrativo.
c) Civil.
d) Social.

64. La jurisdicción del Tribunal Supremo abarca a:

a) Todas las materias.
b) Las actividades de las Cortes Generales.

c) Todo el territorio nacional.
d) Las cuestiones constitucionales.

65. La Sala de lo Militar en el Tribunal Supremo es la:

a) Sexta.
b) Quinta.
c) Cuarta.
d) No existe como tal.

66. En el Tribunal Supremo, la Sala Cuarta se dedica a lo:

a) Penal.
b) Contencioso-Administrativo.
c) Militar.
d) Social.

67. Con su Presidente, integran el Consejo General del Poder Judicial los siguientes miembros:

a) Doce.
b) Veintiuno.
c) Veinte.
d) Trece.

68. ¿Qué Título de la Constitución está dedicado a la regulación del Gobierno?

a) El Título III.
b) El Título IV.
c) El Título V.
d) El Título VII.

69. ¿Cuál de las siguientes figuras no es imprescindible en la composición del Gobierno?

a) El Presidente.
b) Los Ministros.
c) Los Vicepresidentes.
d) Los Vicepresidentes y los Ministros.

70. ¿Cuál de los siguientes órganos indicados es un órgano superior de un departamento ministerial?

a) El Secretario de Estado.
b) El Director General.

c) El Secretario General.
d) El Secretario General Técnico.

71. ¿Qué rango ostentan los Delegados del Gobierno en las Comunidades Autónomas?

a) Subdirector General.
b) Subsecretario General.
c) Secretario de Estado.
d) Subsecretario.

72. ¿Cuál de las siguientes funciones puede ser ejercida por un Presidente del Gobierno en funciones?

a) El planteamiento de una cuestión de confianza.
b) La propuesta al Rey de celebración de un referéndum consultivo.
c) La celebración de Consejos de Ministros.
d) La propuesta al Rey de disolución de las Cámaras.

73. ¿Qué número de Diputados es necesario para interponer una moción de censura?

a) Mayoría simple de la Cámara.
b) Una décima parte de la Cámara.
c) Mayoría absoluta de la Cámara.
d) Dos tercios de la Cámara.

74. Los Secretarios Generales Técnicos tienen categoría de:

a) Subsecretario.
b) Director General.
c) Secretario de Estado.
d) Jefe de Servicio.

75. Declarado el estado de alarma:

a) Se dará cuenta al Consejo de Ministros, sin cuya autorización no podrá ser prorrogado el plazo inicial.
b) Se dará cuenta al Rey, sin cuya autorización no podrá ser prorrogado el plazo inicial de duración.
c) Se dará cuenta al Congreso de los Diputados, sin cuya autorización no podrá ser prorrogado dicho plazo.
d) Se dará cuenta al Congreso de los Diputados, siendo improrrogable el plazo inicialmente marcado para la duración del estado de alarma.

76. El nombramiento de los Delegados del Gobierno en las Comunidades Autónomas es competencia del:

a) Parlamento Autonómico.
b) Presidente del Gobierno.
c) Consejo de Gobierno.
d) Consejo de Ministros.

77. La moción de censura no podrá ser votada hasta que, desde su presentación, hayan transcurrido:

a) Cinco días.
b) Siete días.
c) Diez días.
d) Treinta días.

78. ¿Ante quién responde solidariamente el Gobierno de su gestión política?

a) Ante el pueblo español.
b) Ante las Cortes Generales.
c) Ante el Congreso de los Diputados.
d) Ante el Rey.

79. El Jefe Superior de un Departamento Ministerial, después del Ministro, en el supuesto de que no exista un Secretario de Estado, es el:

a) Director General.
b) Subsecretario.
c) Secretario General.
d) Secretario General Técnico.

80. La disolución de las Cámaras será decretada por:

a) El Rey.
b) El Presidente del Congreso.
c) El Presidente del Gobierno.
d) El Gobierno de la Nación.

81. La Presidencia de la Comisión General de Secretarios de Estado y Subsecretarios corresponde a un Vicepresidente del Gobierno o, en su defecto:

a) Al Presidente del Gobierno.
b) Al Ministro de la Presidencia, Relaciones con las Cortes y Memoria Democrática.
c) Al Ministro de Hacienda y Función Pública.
d) Al Ministro del Interior.

82. El ámbito territorial, duración y condiciones del estado de sitio serán determinados por:

a) Las Cortes Generales.
b) El Congreso.
c) El Rey.
d) El Gobierno.

83. El Gobierno cesa tras la celebración de elecciones generales:

a) En los casos de pérdida de la confianza parlamentaria previstos en la Constitución, o por dimisión o fallecimiento de su Presidente.
b) En los casos de pérdida de la confianza parlamentaria previstos en las leyes.
c) En los casos de pérdida de la confianza de los ciudadanos.
d) En los casos de pérdida de la confianza de los ciudadanos prevista en la Constitución o por dimisión o fallecimiento de su Presidente.

84. El Estado de alarma:

a) Será declarado por el Gobierno mediante decreto acordado en Consejo de Ministros, previa autorización del Congreso de los Diputados.
b) Será declarado por el Gobierno mediante decreto acordado en Consejo de Ministros por un plazo máximo de quince días, dando cuenta al Congreso de los Diputados, reunido inmediatamente al efecto y sin cuya autorización no podrá ser prorrogado dicho plazo.
c) Será declarado por el Gobierno mediante decreto acordado en Consejo de Ministros por un plazo máximo de quince días, previa autorización del Congreso de los Diputados, reunido inmediatamente al efecto y sin cuya autorización no podrá ser prorrogado dicho plazo.
d) Será declarado por la mayoría absoluta del Congreso de los Diputados, a propuesta exclusiva del Gobierno.

85. ¿Quién nombra a los Subdelegados del Gobierno?

a) El Delegado del Gobierno.
b) El Ministro de Hacienda y Función Pública.
c) El Consejo de Ministros.
d) El Presidente del Gobierno.

86. ¿Qué carácter tienen las deliberaciones del Consejo de Ministros?

a) Secretas.
b) Públicas.
c) Solemnes.
d) Solemnes y públicas.

87. ¿Qué rango ostentan los Subdelegados del Gobierno?

a) Subdirector General.
b) Secretario General.
c) Secretario General Técnico.
d) Subsecretario.

88. La titularidad de la soberanía española radica en el/las:

a) Cortes Generales como representantes del pueblo español.
b) Rey como Jefe del Estado.
c) Pueblo mismo.
d) Nacionalidades y regiones que integran España.

89. No pueden constituirse en Comunidades Autónomas los territorios:

a) Que no estén integrados en la organización provincial.
b) Que, no siendo superiores a una Provincia, tengan entidad regional histórica.
c) Que, no siendo superiores a una Provincia, no tengan entidad regional histórica.
d) Interinsulares.

90. La vía ordinaria de acceso a la autonomía por el artículo 143 de la Constitución se sigue por los/las:

a) Provincias con entidad regional histórica.
b) Territorios que en el pasado hubieren plebiscitado afirmativamente proyecto de Estatuto de Autonomía.
c) Provincia sin entidad regional histórica directamente.
d) Supuestos especiales de Ceuta, Melilla y Gibraltar.

91. Entre las determinaciones de los Estatutos de Autonomía no es necesario incluir la:

a) Delimitación de su territorio.
b) Denominación de las instituciones autónomas propias.
c) Denominación de la Comunidad.
d) Denominación, organización y sede de sus instituciones administrativas.

92. En las Comunidades Autónomas que siguen la vía común, el Proyecto de Estatuto será elaborado por la/los:

a) Asamblea de Parlamentarios que se constituye al efecto.
b) Comisión Constitucional del Congreso de los Diputados.
c) Diputación Provincial correspondiente.
d) Miembros de la Diputación u órgano interinsular y por los Diputados y Senadores elegidos por ellas.

93. El voto de ratificación por los Plenos del Senado y del Congreso de los Diputados se dará en el/las:

a) Comunidades Autónomas que siguen la vía común.
b) Comunidades Autónomas que siguen la vía especial.
c) Acceso a la autonomía de Ceuta y Melilla.
d) Acceso a la autonomía de Gibraltar.

94. La responsabilidad política del Presidente de una Comunidad Autónoma se exige por el/la:

a) Sala de lo Penal del Tribunal Supremo.
b) Congreso de los Diputados.
c) Tribunal Superior de Justicia de la Comunidad Autónoma.
d) Asamblea Legislativa de la Comunidad Autónoma.

95. La Asamblea Legislativa de las Comunidades Autónomas se elige:

a) Con criterios de representación territorial.
b) Con criterios de representación proporcional.
c) Por sufragio individual.
d) Con criterios de representación provincial.

96. Con el fin de corregir los desequilibrios económicos interterritoriales y hacer efectivo el principio de solidaridad, se constituye:

a) El Fondo de Compensación Interterritorial.
b) El Comité Económico Interterritorial.
c) El Consejo de Política Fiscal y Financiera.
d) El FASI.

97. Los Estatutos de Autonomía deberán contener el/la/las:

a) Competencias que se dejan al Estado y las que asume la Comunidad.
b) Competencias que, en función de la Constitución, asume cada Comunidad Autónoma.
c) Desarrollo de la Administración Autonómica.
d) División provincial y órganos de gobierno.

98. En la reforma de los Estatutos intervienen las Cortes Generales:

a) Siempre.
b) Nunca.
c) Solo cuanto se trata de Comunidades Autónomas que accedieron por la vía común.
d) En las Comunidades Autónomas de vía especial exclusivamente.

99. Los miembros de las Diputaciones u órganos interinsulares intervienen en la elaboración de los Estatutos de Autonomía:

a) En todo caso.
b) Nunca.
c) En las Comunidades Autónomas de vía común.
d) En las Comunidades Autónomas de vía especial.

100. Los Estatutos de Autonomía en la vía común se aprueban por el:

a) Congreso de los Diputados mediante ley orgánica.
b) Congreso de los Diputados y Senado por ley orgánica.
c) Congreso de los Diputados y Senado por ley ordinaria.
d) Parlamento Autonómico solamente.

Solución al test n.º 1

1. b) En la indisoluble unidad de la Nación española.

2. c) Tienen el deber de conocer y el derecho de usar el castellano.

3. d) De las nacionalidades y regiones que la integran.

4. d) Las respuestas b) y c) son correctas.

5. a) Aprobada por las Cortes el 31 de octubre de 1978, ratificada por el pueblo en referéndum el 6 de diciembre de 1978 y publicada el 29 de diciembre de 1978.

6. b) En el Preámbulo.

7. a) El Rey.

8. d) Ningún español de origen podrá ser privado de su nacionalidad.

9. d) La dignidad de la persona, los derechos inviolables que le son inherentes, el libre desarrollo de su personalidad, el respeto a la ley y a los derechos de los demás.

10. b) El pluralismo político.

11. c) El Pleno lo preside el Presidente del Tribunal y, en su defecto, el Vicepresidente y, a falta de ambos, el Magistrado de mayor edad.

12. b) La presencia de dos miembros, salvo que haya discrepancia, requiriéndose entonces la de sus tres miembros.

13. a) Las sentencias y resoluciones del Tribunal Constitucional tendrán la consideración de títulos declarativos.

14. a) El Rey.

15. c) Dos.

16. c) Está reconocida por la Constitución.

17. b) Ley.

18. c) No se admite en nuestro ordenamiento jurídico.

19. d) Nada de lo expuesto es cierto.

20. d) Las respuestas a) y b) son correctas.

21. a) Presidente del Gobierno de la Nación.

22. b) Preceptivo cuando se solicite por una décima parte de los Diputados o Senadores, dentro de los quince días siguientes a la aprobación de la reforma.

23. a) Reforma por el procedimiento excepcional.

24. a) Tiempo de guerra.

25. b) El Congreso de los Diputados y el Senado por mayoría de tres quintos.

26. b) Segundo.

27. c) Puede efectuarse en todo momento.

28. b) Se necesitará autorización judicial para entrar, si no da su consentimiento para ello.

29. c) Sería inconstitucional.

30. b) Universal.

31. c) Secreto profesional.

32. a) Los artículos 166 a 169.

33. c) Organizaciones Profesionales y la Administración Civil.

34. c) No declarar sobre hechos presuntamente delictivos.

35. a) Es libre.

36. a) No se admite.

37. b) Progresivo y generalizado.

38. b) El Rey.

39. d) Por ley orgánica.

40. a) Las Cortes Generales.

41. c) Nombrar y relevar a los miembros civiles y militares de la Casa Real.

42. a) Al Rey.

43. b) De las Cortes Generales.

44. b) No está sometido a mandato imperativo.

45. d) Será excluido en la sucesión de la corona.

46. d) Por mandato constitucional y en nombre del Rey.

47. c) Ordinarias, Extraordinarias y Conjuntas.

48. a) Por la mayoría de los miembros presentes.

49. b) Dentro de los 25 días siguientes.

50. d) La Sala de lo Penal del Tribunal Supremo.

51. d) El Presidente de la Cámara respectiva.

52. a) 1.

53. b) El Rey.

54. d) De las Cortes Generales.

55. c) Por el Presidente del Congreso.

56. c) Tres años.

57. a) Sufragio universal, libre, igual, directo y secreto.

58. c) De lo Civil.

59. a) De lo Contencioso-Administrativo.

60. d) Veinte.

61. a) La Comisión de Calificación.

62. c) Al Consejo General del Poder Judicial.

63. c) Civil.

64. c) Todo el territorio nacional.

65. b) Quinta.

66. d) Social.

67. b) Veintiuno.

68. b) El Título IV.

69. c) Los Vicepresidentes.

70. a) El Secretario de Estado.

71. d) Subsecretario.

72. c) La celebración de Consejos de Ministros.

73. b) Una décima parte de la Cámara.

74. b) Director General.

75. c) Se dará cuenta al Congreso de los Diputados, sin cuya autorización no podrá ser prorrogado dicho plazo.

76. d) Consejo de Ministros.

77. a) Cinco días.

78. c) Ante el Congreso de los Diputados.

79. b) Subsecretario.

80. a) El Rey.

81. b) Al Ministro de la Presidencia.

82. b) El Congreso.

83. a) En los casos de pérdida de la confianza parlamentaria previstos en la Constitución, o por dimisión o fallecimiento de su Presidente.

84. b) Será declarado por el Gobierno mediante decreto acordado en Consejo de Ministros por un plazo máximo de quince días, dando cuenta al Congreso de los Diputados, reunido inmediatamente al efecto y sin cuya autorización no podrá ser prorrogado dicho plazo.

85. a) El Delegado del Gobierno.

86. a) Secretas.

87. a) Subdirector General.

88. c) Pueblo mismo.

89. d) Interinsulares.

90. a) Provincias con entidad regional histórica.

91. d) Denominación, organización y sede de sus instituciones administrativas.

92. d) Miembros de la Diputación u órgano interinsular y por los Diputados y Senadores elegidos por ellas.

93. b) Comunidades Autónomas que siguen la vía especial.

94. d) Asamblea Legislativa de la Comunidad Autónoma.

95. b) Con criterios de representación proporcional.

96. a) El Fondo de Compensación Interterritorial.

97. b) Competencias que, en función de la Constitución, asume cada Comunidad Autónoma.

98. a) Siempre.

99. c) En las Comunidades Autónomas de vía común.

100. b) Congreso de los Diputados y Senado por ley orgánica.

TEST N.º 2

El Estatuto de Autonomía de La Rioja

1. ¿Mediante que Ley Orgánica fue inicialmente aprobado el Estatuto de la Comunidad Autónoma de La Rioja?

a) Ley Orgánica 2/1983, de 9 de junio.
b) Ley Orgánica 3/1982, de 9 de junio.
c) Ley Orgánica 2/1985, de 9 de junio.
d) Ley Orgánica 2/1982, de 9 de junio.

2. El vigente Estatuto de Autonomía de La Rioja se estructura en:

a) 58 artículos, 4 Disposiciones Adicionales y 12 Disposiciones Transitorias.
b) 56 artículos, 4 Disposiciones Adicionales y 12 Disposiciones Transitorias.
c) 56 artículos, 14 Disposiciones Adicionales y 12 Disposiciones Transitorias.
d) 58 artículos, 14 Disposiciones Adicionales y 12 Disposiciones Transitorias.

3. El Título III de Estatuto trata de:

a) De la financiación de la Comunidad.
b) De la reforma del Estatuto.
c) De la Administración y el Régimen Jurídico.
d) De las competencias de la Comunidad Autónoma.

4. ¿Cuál de las siguientes no es una competencia exclusiva de la Comunidad Autónoma de La Rioja?

a) La ordenación del territorio, urbanismo y vivienda.
b) Asistencia y servicios sociales.
c) Tratamiento especial de las zonas de montaña.
d) Sanidad e higiene.

5. ¿En cuál de las siguientes materias no ostenta competencia de legislativa y ejecución la Comunidad Autónoma de La Rioja?

a) Ordenación farmacéutica.
b) Régimen local.
c) Pesca fluvial y lacustre, acuicultura y caza.
d) Régimen minero y energético.

6. ¿Qué regula la Ley 3/2001, de 31 de mayo?

a) El Parlamento de La Rioja.
b) El Gobierno y la Administración Pública de La Rioja.
c) El Defensor del Pueblo riojano.
d) El Consejo Consultivo de La Rioja.

7. La Ley que regula el Defensor del Pueblo riojano, ¿cuál es?

a) Ley 8/2003, de 28 de octubre.
b) Ley 3/1995, de 8 de marzo.
c) Ley 6/2006, de 2 de mayo.
d) Ley 4/2005, de 1 de junio.

8. ¿De qué año es el Reglamento Orgánico y Funcional del Consejo Consultivo de La Rioja?

a) 2006.
b) 2004.
c) 2003.
d) 2002.

9. ¿A través de qué norma se regulan las incompatibilidades de los miembros del Gobierno?

a) Ley.
b) Decreto.
c) Resolución.
d) Reglamento.

10. ¿Quién nombra al Presidente del Tribunal Superior de Justicia de La Rioja?

a) El Presidente de La Rioja, a propuesta del Rey.
b) El Rey a propuesta del Consejo General del Poder Judicial.
c) El Consejo General del Poder Judicial a propuesta del Gobierno de La Rioja.
d) El Rey a propuesta del Gobierno de La Rioja.

11. La Administración Pública y de Justicia, ¿en qué título del Estatuto de Autonomía riojano se regula?

a) Título II.
b) Título III.
c) Título IV.
d) Título V.

12. ¿Qué regula la Ley 4/2005, de 1 de junio?

a) El Gobierno y las Incompatibilidades de sus miembros.
b) El Defensor del Pueblo.
c) El Régimen Jurídico del Gobierno y la Administración Pública de la Comunidad Autónoma de La Rioja.
d) El Funcionamiento y Régimen Jurídico de la Administración de la Comunidad Autónoma de La Rioja.

13. La composición y las funciones del Consejo Consultivo de La Rioja deben regularse por:

a) Decreto.
b) Ley.
c) Resolución.
d) Ninguna es correcta.

14. ¿Qué órgano ejerce el control de constitucionalidad, al que están sometidas las leyes de la Comunidad Autónoma de La Rioja?

a) El Tribunal Superior de Justicia de La Rioja.
b) El Parlamento de La Rioja.
c) El Tribunal Constitucional.
d) El Tribunal Supremo.

15. Las normas reglamentarias y los actos y acuerdos emanados de los órganos ejecutivos y administrativos de la Comunidad Autónoma de La Rioja, serán recurribles ante, ¿qué jurisdicción?

a) La jurisdicción contencioso-administrativa.
b) La jurisdicción penal.
c) La jurisdicción civil.
d) La jurisdicción social.

16. Señala la respuesta incorrecta. No es una función propia del Parlamento de La Rioja:

a) El desarrollo de la legislación del Estado en aquellas materias que así le corresponda.
b) Interponer recursos ante el Tribunal Constitucional y personarse ante el mismo en las actuaciones en que así proceda.

c) Elegir al Presidente del Tribunal Superior de Justicia de La Rioja.

d) Ejercer, en general, cuantas competencias le sean atribuidas por la Constitución, por el Estatuto y por las Leyes del Estado y de La Rioja.

17. El Parlamento estará integrado por:

a) Un mínimo de 30 y un máximo de 40 Diputados.
b) Un mínimo de 32 y un máximo de 40 Diputados.
c) Un mínimo de 30 y un máximo de 42 Diputados.
d) Un mínimo de 32 y un máximo de 42 Diputados.

18. El Parlamento se reunirá anualmente en 2 períodos ordinario de sesiones:

a) El primero, de septiembre a diciembre, y el segundo, de febrero a junio.
b) El primero, de enero a junio, y el segundo, de septiembre a diciembre.
c) El primero, de febrero a junio, y el segundo, de septiembre a diciembre.
d) El primero, de septiembre a diciembre, y el segundo, de enero a junio.

19. El Gobierno está integrado por:

a) Presidente de la Comunidad Autónoma, el Vicepresidente y los Vicepresidentes.

b) Presidente de la Comunidad Autónoma, el Vicepresidente o Vicepresidentes, en su caso, y los Consejeros.

c) Presidente de la Comunidad Autónoma, el Vicepresidente o Vicepresidentes, en su caso, y los Ministros.

d) Presidente de la Comunidad Autónoma y los Consejeros.

20. Señala la respuesta incorrecta. En el ejercicio de sus competencias, la Administración de la Comunidad Autónoma de La Rioja gozará de las potestades y prerrogativas propias de la Administración del Estado, entre las que se encuentran:

a) Potestad expropiatoria y de investigación, deslinde y recuperación de oficio en materia de bienes.

b) Potestad de sanción dentro de los límites que establezca la Ley y las disposiciones que la desarrollen.

c) Facultad de utilizar el procedimiento de apremio.

d) Facultad de control del Parlamento de la Comunidad.

21. ¿En qué momento se ha de presentar al Parlamento, por parte del Gobierno, el proyecto de presupuesto?

a) El último mes de cada año.
b) El último trimestre del año.
c) El último semestre.
d) Ninguna es correcta.

22. ¿Con qué rango o carácter se aprueba el presupuesto?

a) Ley.
b) Ley Orgánica.
c) Decreto.
d) Decreto Legislativo.

23. En relación al presupuesto es cierto que:

a) Se podrán crear nuevos tributos.
b) Se podrán modificar los tributos existentes cuando una Ley Tributaria así lo prevea.
c) Tendrá carácter bienal.
d) Todas son correctas.

24. ¿Qué regula el Título IV del Estatuto de Autonomía de la Rioja?

a) La Organización Institucional.
b) Las competencias exclusivas.
c) El Presidente de la Comunidad Autónoma.
d) La financiación de la Comunidad.

25. ¿En qué plazo podrá la Comunidad Autónoma de la Rioja concertar operaciones de crédito?

a) Un plazo superior a seis meses.
b) Un plazo superior a un año.
c) Un plazo superior a dos años.
d) No se establece un plazo determinado.

Solución al test n.º 2

1. b) Ley Orgánica 3/1982, de 9 de junio.

2. a) 58 artículos, 4 Disposiciones Adicionales y 12 Disposiciones Transitorias.

3. c) De la Administración y el Régimen Jurídico.

4. d) Sanidad e higiene.

5. c) Pesca fluvial y lacustre, acuicultura y caza.

6. d) El Consejo Consultivo de La Rioja.

7. c) Ley 6/2006, de 2 de mayo.

8. d) 2002.

9. a) Ley.

10. b) El Rey a propuesta del Consejo General del Poder Judicial.

11. b) Título III.

12. d) El Funcionamiento y Régimen Jurídico de la Administración de la Comunidad Autónoma de La Rioja.

13. b) Ley.

14. c) El Tribunal Constitucional.

15. a) La jurisdicción contencioso-administrativa.

16. c) Elegir al Presidente del Tribunal Superior de Justicia de La Rioja.

17. b) Un mínimo de 32 y un máximo de 40 Diputados.

18. a) El primero, de septiembre a diciembre, y el segundo, de febrero a junio.

19. b) Presidente de la Comunidad Autónoma, el Vicepresidente o Vicepresidentes, en su caso, y los Consejeros.

20. d) Facultad de control del Parlamento de la Comunidad.

21. b) El último trimestre del año.

22. a) Ley.

23. b) Se podrán modificar los tributos existentes cuando una Ley Tributaria así lo prevea.

24. d) La financiación de la Comunidad.

25. b) Un plazo superior a un año.

TEST N.º 3

Ley 14/1986, de 25 de abril, General de Sanidad

1. ¿Qué norma regula los aspectos básicos de las profesiones sanitarias tituladas en lo que se refiere a su ejercicio por cuenta propia o ajena?

a) La Ley 41/2002, de 14 de noviembre.
b) La Ley 16/2003, de 28 de mayo.
c) La Ley 44/2003, de 21 de noviembre.
d) La Ley 15/1997, de 25 de abril.

2. ¿De cuántos artículos consta la Ley 14/1986 de 25 de abril, General de Sanidad?

a) 109.
b) 111.
c) 113.
d) 116.

3. La Ley 14/1986 de 25 de abril, General de Sanidad, se estructura en:

a) Un Título Preliminar, siete Títulos, diez Disposiciones Adicionales, seis Disposiciones Transitorias, dos Disposiciones Derogatorias y dieciséis Disposiciones Finales.
b) Un Título Preliminar, seis Títulos, diez Disposiciones Adicionales, siete Disposiciones Transitorias, dos Disposiciones Derogatorias y dieciséis Disposiciones Finales.
c) Un Título Preliminar, siete Títulos, diez Disposiciones Adicionales, siete Disposiciones Transitorias, tres Disposiciones Derogatorias y dieciséis Disposiciones Finales.
d) Un Título Preliminar, siete Títulos, diez Disposiciones Adicionales, seis Disposiciones Transitorias, tres Disposiciones Derogatorias y dieciséis Disposiciones Finales.

4. ¿Qué artículo de nuestra Carta Magna proclama que "corresponde a los poderes públicos promover las condiciones para que la libertad y la igualdad del individuo y de los grupos en que se integra sean reales y efectivas?

a) El art. 9.1.
b) El art. 9.2.

c) El art. 43.1.
d) El art. 43.3.

5. La Ley 14/1986, de 25 de abril, General de Sanidad, establece que las piezas básicas de los Servicios de Salud de las Comunidades Autónomas son:

a) Las Áreas de Salud.
b) Los Distritos Sanitarios.
c) Las Comarcas Sanitarias.
d) Las Zonas de Salud.

6. La Ley 14/1986, de 25 de abril, General de Sanidad, tiene como objeto la regulación general de todas las acciones que permitan hacer efectivo el derecho a la protección de la salud reconocido en el artículo:

a) 15 de la Constitución Española.
b) 19 de la Constitución Española.
c) 33 de la Constitución Española.
d) 43 de la Constitución Española.

7. Las funciones de Alta Inspección se ejercerán:

a) Por los órganos del Estado competentes en materia de sanidad.
b) Por los órganos de las Comunidades Autónomas competentes en materia de sanidad.
c) Por los órganos de las Corporaciones Locales competentes en materia de sanidad.
d) Todas las respuestas son correctas.

8. Los funcionarios de la Administración del Estado que ejerzan la Alta Inspección gozarán, a todos los efectos, de las consideraciones de:

a) Agentes de la autoridad.
b) Autoridad pública.
c) Policía.
d) Delegados de la Autoridad.

9. Cuando, como consecuencia del ejercicio de las funciones de Alta Inspección, se comprueben incumplimientos por parte de la Comunidad Autónoma, las autoridades sanitarias del Estado le advertirán de esta circunstancia a través de:

a) El Consejo de Estado.
b) El Ministro de Sanidad, Servicios Sociales e Igualdad.
c) El Delegado del Gobierno.
d) El Consejo Interterritorial del Sistema Nacional de Salud.

10. ¿Con qué periodicidad presentará la Alta Inspección del Sistema Nacional de Salud una memoria sobre el funcionamiento del sistema ante el Consejo Interterritorial del Sistema Nacional de Salud para su debate?

a) Cada dos años.
b) Anualmente.
c) Semestralmente.
d) Trimestralmente.

11. Las Áreas de Salud se delimitan teniendo en cuenta factores:

a) Climatológicos y de dotación de vías y medios de comunicación.
b) Geográficos y demográficos.
c) Socioeconómicos y culturales.
d) Todas las respuestas son correctas.

12. Como regla general el área de salud extenderá su acción a una población:

a) No inferior a 100.000 habitantes ni superior a 150.000.
b) No inferior a 200.000 habitantes ni superior a 250.000.
c) No inferior a 250.000 habitantes ni superior a 300.000.
d) No inferior a 300.000 habitantes ni superior a 500.000.

13. ¿Qué Comunidades Autónomas y/o Ciudades Autónomas se exceptúan de la regla que hemos visto en la pregunta anterior, pudiéndose acomodar a sus específicas peculiaridades?

a) Baleares, Ceuta y Melilla.
b) Baleares y Canarias.
c) Canarias, Ceuta y Melilla.
d) Baleares, Canarias, Ceuta y Melilla.

14. Según dispone al artículo 56.5 LGS, cada provincia tendrá, en todo caso y como mínimo:

a) Un área de salud.
b) Dos áreas de salud.
c) Tres áreas de salud.
d) Cuatro áreas de salud.

15. ¿Cómo se denomina el órgano de participación de las Áreas de Salud?

a) Consejo de salud de área.
b) Consejo de dirección de área.
c) Comisión de salud del área.
d) Comité de Participación del Área de Salud.

16. Los Consejos de salud de área estarán constituidos por:

a) Las organizaciones sindicales más representativas, en una proporción no inferior al 50 %, a través de los profesionales sanitarios titulados.

b) La representación de los ciudadanos a través de las Corporaciones Locales comprendidas en su demarcación, que supondrá el 25 % de sus miembros.

c) La Administración sanitaria del área de salud.

d) Todas las respuestas son correctas.

17. ¿A quién le corresponde la aprobación del proyecto del Plan de Salud del área, dentro de las normas, directrices y programas generales establecidos por la Comunidad Autónoma?

a) Al Consejo de Salud de área.

b) Al Consejo de Dirección de área.

c) Al Gerente de área.

d) Al Consejo Interterritorial del Sistema Nacional de Salud.

18. Señala la respuesta incorrecta:

a) Al Consejo de dirección del área de salud corresponde formular las directrices en política de salud y controlar la gestión del área, dentro de las normas y programas generales establecidos por la Administración autonómica.

b) Los Consejos de salud de área son órganos colegiados de participación comunitaria para la consulta y el seguimiento de la gestión, en los que participaran las organizaciones empresariales y sindicales.

c) El Gerente del área de salud es el órgano de gestión de la misma y podrá, previa convocatoria, asistir con voz y voto, a las reuniones del Consejo de dirección.

d) El centro de salud sirve como centro de reunión entre la comunidad y los profesionales sanitarios.

19. El Gerente del área de salud será nombrado y cesado por la dirección del servicio de salud de la Comunidad Autónoma, a propuesta de:

a) El Consejo de dirección del área.

b) El Consejo de salud del área.

c) La Consejería de Sanidad de la Comunidad Autónoma.

d) El Consejo de Gerencia de la zona.

20. ¿A quién corresponde, conforme al art. 60.3 LGS, presentar los anteproyectos del Plan de Salud y de sus adaptaciones anuales así como el proyecto de memoria anual del área de salud?

a) Al Consejo de salud del área.

b) Al Consejo de dirección del área.

c) Al Gerente del área de salud.

d) A las Consejerías de Sanidad de las Comunidades Autónomas.

21. ¿Quién preside el Consejo Interterritorial del Sistema Nacional de Salud?

a) El Presidente del Gobierno.

b) El Ministro competente en materia de Sanidad.

c) El Secretario de Estado de Sanidad.

d) Es un puesto rotatorio entre los diferentes Consejeros de Sanidad de las Comunidades Autónomas.

22. ¿Qué Título de la Ley 14/1986 de 25 de abril, General de Sanidad, regula la estructura del Sistema Sanitario?

a) El Título III.

b) El Título IV.

c) El Título V.

d) El Título VI.

23. Señala cuál de las siguientes es una de las funciones de los Consejos de Salud:

a) Conocer e informar el anteproyecto del Plan de Salud del área y de sus adaptaciones anuales.

b) Conocer e informar la memoria anual del área de salud.

c) Verificar la adecuación de las actuaciones en el área de salud a las normas y directrices de la política sanitaria y económica.

d) Todas las respuestas son correctas.

24. A tenor del art. 56.3 LGS, las Áreas de Salud serán dirigidas por un órgano propio, donde deberán participar las Corporaciones Locales en ellas situadas:

a) Con una representación no inferior al 30%, dentro de las directrices y programas generales sanitarios establecidos por la Comunidad Autónoma.

b) Con una representación no inferior al 40%, dentro de las directrices y programas generales sanitarios establecidos por la Comunidad Autónoma.

c) Con una representación no inferior al 30%, dentro de las directrices y programas generales sanitarios establecidos por el Ministerio de Sanidad.

d) Con una representación no inferior al 40%, dentro de las directrices y programas generales sanitarios establecidos por el Ministerio de Sanidad.

25. ¿Qué porcentaje de los miembros del Consejo de dirección representan a la Comunidad Autónoma?

a) El 60 %.

b) El 50 %.

c) El 40 %.
d) El 25 %.

26. ¿Qué órgano tiene por finalidad promover la cohesión del Sistema Nacional de Salud a través de la garantía efectiva y equitativa de los derechos de los ciudadanos en todo el territorio del Estado?

a) El Comité Interterritorial del Sistema Nacional de Salud.
b) El Consejo Nacional de Salud.
c) El Consejo Interterritorial del Sistema Nacional de Salud.
d) La Comisión Nacional de Garantía Sanitaria.

27. ¿A quién corresponde la vicepresidencia del Consejo Interterritorial del Sistema Nacional de Salud?

a) Al Secretario de Estado de Sanidad.
b) Al titular del Gabinete del Ministerio de Sanidad.
c) Al titular de la Subsecretaría de Sanidad, Servicios Sociales e Igualdad.
d) A uno de los Consejeros competentes en materia de sanidad de las Comunidades Autónomas.

28. ¿Quién elige al vicepresidente del Consejo Interterritorial del Sistema Nacional de Salud?

a) El titular del Ministerio de Sanidad y Consumo.
b) El Secretario de Estado de Sanidad.
c) El resto de los Consejeros que integran el Consejo.
d) El Presidente del Consejo Interterritorial del Sistema Nacional de Salud.

29. El Secretario del Consejo Interterritorial del Sistema Nacional de Salud, asistirá a las sesiones:

a) Sin voz ni voto.
b) Con voz y voto.
c) Con voz y sin voto.
d) Sin voz pero con posibilidad de ejercitar su derecho a voto.

30. Con respecto a cuál de las siguientes materias podrá, el Consejo Interterritorial del Sistema Nacional de Salud, conocer, debatir y, en su caso, emitir recomendaciones:

a) En relación con funciones de asesoramiento, planificación y evaluación en el Sistema Nacional de Salud.
b) En relación con funciones esenciales en la configuración del Sistema Nacional de Salud.

c) En relación con funciones de coordinación del Sistema Nacional de Salud.
d) Todas las respuestas son correctas.

31. ¿Qué Título de la Ley 14/1986 de 25 de abril, General de Sanidad, regula la estructura las actividades sanitarias privadas?

a) El Título II.
b) El Título IV.
c) El Título V.
d) El Título VI.

32. La Ley General de Sanidad establece una concentración de los servicios sanitarios:

a) Bajo la responsabilidad del Estado y sin perjuicio de los poderes de dirección en lo básico y la coordinación de las Comunidades Autónomas.
b) Bajo la responsabilidad de las Comunidades Autónomas y sin perjuicio de los poderes de dirección en lo básico y la coordinación del Estado.
c) Bajo la responsabilidad del Estado y sin perjuicio de los poderes de dirección en lo básico y la coordinación de la Unión Europea.
d) Bajo la responsabilidad de las Comunidades Autónomas y sin perjuicio de los poderes de dirección en lo básico y la coordinación de la Unión Europea.

33. Los servicios públicos de salud se organizarán de modo que se articule una participación comunitaria en la formulación de la política sanitaria en el control de su ejecución, a través de:

a) Las Organizaciones empresariales.
b) Las Corporaciones territoriales.
c) Las Organizaciones sindicales.
d) Todas las respuestas son correctas.

34. Indica cuál de los siguientes no es un principio rector de la Ley General de Sanidad para el funcionamiento de los servicios sanitarios y del sistema de salud:

a) Economía.
b) Celeridad.
c) Eficacia.
d) Igualdad.

35. ¿Qué artículo de la Constitución Española reconoce la libertad de empresa en el sector sanitario?

a) El artículo 38.
b) El artículo 36.

c) El artículo 35.
d) El artículo 33.

36. ¿A quién corresponde valorar la idoneidad sanitaria de los medicamentos y demás productos y artículos sanitarios tanto para autorizar su circulación y uso como para controlar su calidad?

a) A la Unión Europea.
b) A la Administración Sanitaria del Estado.
c) A las Consejerías de Sanidad de las Comunidades Autónomas.
d) Ninguna respuesta es correcta.

37. Señala la Ley General de Sanidad que los poderes públicos procederán, mediante el correspondiente desarrollo normativo a la aplicación de la facultad de elección de médicos en la Atención Primaria del Área de Salud. ¿En qué núcleos de población se podrá elegir en el conjunto de la ciudad?

a) En los núcleos de población de más de 50.000 habitantes.
b) En los núcleos de población de más de 100.000 habitantes.
c) En los núcleos de población de más de 200.000 habitantes.
d) En los núcleos de población de más de 250.000 habitantes.

38. Según establece el art. 38.1 LGS, la sanidad exterior es competencia exclusiva de:

a) El Estado.
b) De las Comunidades Autónomas.
c) De las Corporaciones Locales.
d) De la Alta Inspección.

39. La Ley General de Sanidad, establece que las relaciones y acuerdos sanitarios internacionales son competencia exclusiva de:

a) El Estado.
b) De las Comunidades Autónomas.
c) De las Corporaciones Locales.
d) De la Alta Inspección.

40. El Real Decreto 1418/1986, dispone que corresponde al Ministerio de Sanidad y Consumo:

a) El control y vigilancia higiénico–sanitaria de puertos y aeropuertos de tráfico internacional, así como de los puestos y de las terminales aduaneras TIR y TIF.
b) Las relaciones con los organismos sanitarios y de consumo internacionales por mediación del Ministerio de Asuntos Exteriores.

c) Adoptar las medidas necesarias para aplicar dentro del Estado los acuerdos sanitarios y de consumo internacionales en los que España sea parte.

d) Todas las respuestas son correctas.

41. ¿A quién compete supervisar el destino y utilización de los fondos y subvenciones propios del Estado asignados a las Comunidades Autónomas que tengan un destino o finalidad determinada?

a) Al Estado.
b) A las Comunidades Autónomas.
c) A las Corporaciones Locales.
d) A la Alta Inspección.

42. ¿Cómo se denominan las estructuras fundamentales del sistema sanitario, responsables de la gestión unitaria de los centros y establecimientos del servicio de salud de la Comunidad Autónoma en su demarcación territorial y de las prestaciones sanitarias y programas sanitarios por ellos desarrollados?

a) Zonas de Salud.
b) Complejos Sanitarios.
c) Áreas de Salud.
d) Distritos Sanitarios.

43. ¿A quién compete la ordenación territorial de los servicios de salud?

a) Al Estado.
b) A las Comunidades Autónomas.
c) A las Corporaciones Locales.
d) Al Consejo Interterritorial del Sistema Nacional de Salud.

44. Para conseguir la máxima operatividad y eficacia en el funcionamiento de los servicios a nivel primario, las áreas de salud se dividen en:

a) Zonas básicas de salud.
b) Distritos sanitarios.
c) Comarcas sanitarias.
d) Puntos básicos de salud.

45. Señala la respuesta incorrecta:

a) Cada área de salud estará vinculada o dispondrá, al menos, de un hospital general, con los servicios que aconseje la población a asistir, la estructura de ésta y los problemas de salud, encargado del internamiento clínico y asistencia especializada.

b) Los hospitales privados vinculados con el Sistema Nacional de la Salud estarán sometidos a las mismas inspecciones y controles sanitarios, administrativos y económicos que los hospitales públicos, aplicando criterios homogéneos y previamente reglados.

c) Se encomienda a cada Consejería responsable de Sanidad el fomento de la auditoría externa periódica de los centros y servicios sanitarios, en garantía de su seguridad y de la calidad de dichos servicios.

d) El Gerente del área de salud será el encargado de la ejecución de las directrices establecidas por el Consejo de dirección, de las propias del Plan de Salud del área y de las normas correspondientes a la Administración autonómica y del Estado.

46. ¿Cuál es el órgano, dependiente del Ministerio responsable de Sanidad, responsable de la elaboración y el mantenimiento de los elementos de la infraestructura de la calidad, sin perjuicio de las actuaciones en este orden de las Comunidades Autónomas?

a) El Consejo Interterritorial del Sistema Nacional de Salud.
b) La Agencia de Calidad del Sistema Nacional de Salud.
c) La Alta Inspección.
d) El Consejo Nacional de Salud.

47. El art. 74.2 LGS, establece que el Plan integrado de salud tendrá de plazo de vigencia:

a) 5 años.
b) 2 años.
c) Un año.
d) El que el mismo determine.

48. Mediante las relaciones y acuerdos sanitarios internacionales, España colaborará con otros Estados y Organismos internacionales:

a) En la conservación de un medio ambiente saludable.
b) En el control epidemiológico.
c) En la investigación biomédica.
d) Todas las respuestas son correctas.

49. ¿A quién corresponde la aprobación de la memoria anual del área de salud?

a) Al Consejo de dirección de área.
b) Al Gerente.
c) Al Consejo de salud de área.
d) A la Agencia de Calidad del Sistema Nacional de Salud.

50. ¿Con qué frecuencia informarán las Comunidades Autónomas al Departamento de Sanidad de la Administración del Estado del grado de ejecución de sus respectivos planes?

a) Cada dos años.
b) Anualmente.
c) Semestralmente.
d) Trimestralmente.

Solución al test n.º 3

1. c) La Ley 44/2003, de 21 de noviembre.

2. d) 116.

3. a) Un Título Preliminar, siete Títulos, diez Disposiciones Adicionales, seis Disposiciones Transitorias, dos Disposiciones Derogatorias y dieciséis Disposiciones Finales.

4. b) El art. 9.2.

5. a) Las Áreas de Salud.

6. d) 43 de la Constitución Española.

7. a) Por los órganos del Estado competentes en materia de sanidad.

8. b) Autoridad pública.

9. c) El Delegado del Gobierno.

10. b) Anualmente.

11. d) Todas las respuestas son correctas.

12. b) No inferior a 200.000 habitantes ni superior a 250.000.

13. d) Baleares, Canarias, Ceuta y Melilla.

14. a) Un área de salud.

15. a) Consejo de salud de área.

16. c) La Administración sanitaria del área de salud.

17. b) Al Consejo de Dirección de área.

18. c) El Gerente del área de salud es el órgano de gestión de la misma y podrá, previa convocatoria, asistir con voz y voto, a las reuniones del Consejo de dirección.

19. a) El Consejo de dirección del área.

20. c) Al Gerente del área de salud.

21. b) El Ministro competente en materia de Sanidad.

22. a) El Título III.

23. d) Todas las respuestas son correctas.

24. b) Con una representación no inferior al 40 %, dentro de las directrices y programas generales sanitarios establecidos por la Comunidad Autónoma.

25. a) El 60%.

26. c) El Consejo Interterritorial del Sistema Nacional de Salud.

27. d) A uno de los Consejeros competentes en materia de sanidad de las Comunidades Autónomas.

28. c) El resto de los Consejeros que integran el Consejo.

29. c) Con voz y sin voto.

30. d) Todas las respuestas son correctas.

31. b) El Título IV.

32. b) Bajo la responsabilidad de las Comunidades Autónomas y sin perjuicio de los poderes de dirección en lo básico y la coordinación del Estado.

33. d) Todas las respuestas son correctas.

34. d) Igualdad.

35. a) El artículo 38.

36. b) A la Administración Sanitaria del Estado.

37. d) En los núcleos de población de más de 250.000 habitantes.

38. a) El Estado.

39. a) El Estado.

40. d) Todas las respuestas son correctas.

41. d) A la Alta Inspección.

42. c) Áreas de Salud.

43. b) A las Comunidades Autónomas.

44. a) Zonas básicas de salud.

45. c) Se encomienda a cada Consejería responsable de Sanidad el fomento de la auditoría externa periódica de los centros y servicios sanitarios, en garantía de su seguridad y de la calidad de dichos servicios.

46. b) La Agencia de Calidad del Sistema Nacional de Salud.

47. d) El que el mismo determine.

48. d) Todas las respuestas son correctas.

49. a) Al Consejo de dirección de área.

50. b) Anualmente.

TEST N.º 4

Ley 2/2002, de 17 de abril, de Salud de La Rioja

1. ¿En cuántos títulos se divide la Ley de Salud de La Rioja?

a) En ocho.
b) En diez.
c) En once.
d) En doce.

2. Señala cuál de los siguientes no constituye un principio orientador establecido en la Ley de Salud de La Rioja:

a) Centralización y responsabilidad en la gestión de los servicios.
b) Integración funcional de los recursos sanitarios públicos.
c) Universalización de la atención sanitaria.
d) Eficacia, efectividad, eficiencia y flexibilidad de la organización sanitaria.

3. ¿Está sujeto a alguna forma el consentimiento informado según la Ley de Salud de La Rioja?

a) No, en ningún caso.
b) No, salvo en algunos casos.
c) Sí, siempre deberá formalizarse por escrito.
d) Sí, sólo en caso de intervenciones quirúrgicas por riesgo grave.

4. ¿Cuál de los siguientes es un derecho relacionado con la promoción y protección de la salud y la prevención de la enfermedad?

a) El derecho a consumir alimentos seguros y a disponer de agua potable.
b) El derecho a recibir prestaciones preventivas dentro del marco de la consulta habitual bajo la responsabilidad de los profesionales.
c) El derecho a obtener medicamentos y productos sanitarios para la salud en los términos que establece la legislación que resulte aplicable.
d) Son correctas a) y b).

5. ¿Cuál es el órgano que tiene como objeto principal el intermediar en los conflictos que planteen los ciudadanos como usuarios del Sistema Público de Salud de La Rioja?

a) El Gerente del Servicio Riojano de Salud.
b) El Consejero de Salud.
c) El Defensor del Usuario.
d) El Consejo Riojano de Salud.

6. ¿Cuáles son los ámbitos de actuación en que se ordenan funcionalmente los servicios sanitarios de la Comunidad Autónoma de La Rioja?

a) Salud Pública, Salud Laboral y Asistencia Sanitaria.
b) Salud Pública, Salud Privada y Salud Laboral.
c) Salud Pública, Asistencia Primaria y Atención Especializada.
d) Ninguna es correcta.

7. Los Consejos de Salud de Área estarán adscritos a:

a) El Consejo de Administración del Servicio Riojano de Salud.
b) El Consejo de Salud de Zona.
c) El Consejo Riojano de Salud.
d) La Gerencia del Servicio Riojano de Salud.

8. Conforme a la Ley de Salud de La Rioja, tienen el carácter de Autoridad Sanitaria:

a) El titular de la Consejería de Salud.
b) Los Alcaldes.
c) El Gobierno de La Rioja.
d) Todos los anteriores tienen el carácter de Autoridad Sanitaria.

9. El Servicio Riojano de Salud es:

a) Un organismo público laboral.
b) Un organismo autónomo administrativo.
c) Una entidad privada de provisión, gestión y administración de la asistencia sanitaria pública.
d) Una entidad pública empresarial adscrita a la Consejería de Salud.

10. ¿Qué órgano elabora la Memoria Anual del Servicio Riojano de Salud?

a) El Presidente.
b) El Vicepresidente.
c) El Gerente.
d) El Consejo de Administración.

11. Será competente para resolver los procedimientos de revisión de oficio de los actos administrativos nulos dictados por el Presidente del Servicio Riojano de Salud:

a) El Consejo de Gobierno.
b) El titular de la Consejería de Salud.
c) El Consejo Riojano de Salud.
d) El Consejo de Administración del Servicio Riojano de Salud.

12. ¿Cuántos vocales, en representación de los municipios, integrarán el Consejo de Administración del Servicio Riojano de Salud?

a) Uno.
b) Dos.
c) Tres.
d) Cuatro.

13. El presupuesto del Servicio Riojano de Salud se elaborará de acuerdo con los objetivos previstos en:

a) La Ley de Presupuestos de la Comunidad Autónoma de La Rioja.
b) El Plan de Salud de La Rioja.
c) La Ley 3/2003, de 3 de marzo, de organización del Sector Público de la Comunidad Autónoma de La Rioja.
d) El régimen de contabilidad pública establecido para la Administración de la Comunidad Autónoma de La Rioja.

14. ¿Qué son los conciertos sanitarios?

a) Son los suscritos entre la administración sanitaria y las entidades privadas titulares de centros y/o servicios sanitarios.
b) Son los suscritos entre la administración sanitaria y entidades privadas titulares de centros hospitalarios, para la vinculación de los mismos al Sistema Público de Salud de La Rioja.
c) Son los suscritos entre la administración sanitaria y las entidades públicas titulares de centros y/o servicios sanitarios.
d) Son los suscritos entre la administración sanitaria y las Empresas y Asociaciones empresariales autorizadas para la colaboración en la asistencia sanitaria o sociosanitaria.

15. Los órganos colegiados de participación ciudadana consultivos y de asesoramiento en el ámbito de las Zonas Básicas de Salud, son:

a) Los Consejos Territoriales de Salud.
b) Los Centros de Salud.

c) Los Consejos de Salud de Zona.
d) Los Consejos de Salud de Área.

16. Según la Ley de Salud de La Rioja, tienen el carácter de entidades colaboradoras de la gestión sanitaria:

a) Los seguros libres de accidentes de tráfico.
b) Las Mutuas de Accidentes de Trabajo y Enfermedades Profesionales.
c) Los regímenes de asistencia sanitaria de los funcionarios públicos.
d) Todas son correctas.

17. El personal del Servicio Riojano de Salud estará formado por:

a) El personal estatutario que ha sido transferido a la Comunidad Autónoma de La Rioja para el desempeño de las funciones y servicios del Instituto Nacional de la Salud.
b) El personal funcionario de la Administración de la Comunidad Autónoma de La Rioja que preste sus servicios en el ámbito sanitario y que se le adscriba.
c) El personal laboral de la Administración de la Comunidad Autónoma de La Rioja que preste sus servicios en el ámbito sanitario y que se le adscriba.
d) Todos los anteriores son correctos.

18. ¿Cómo se denomina el Título VI de la Ley de Salud de La Rioja?

a) De la financiación del Sistema Público de Salud de La Rioja.
b) De las competencias de las Administraciones Públicas.
c) Del Sistema Público de Salud de La Rioja.
d) De los órganos de participación comunitaria.

19. ¿En cuántas Áreas de Salud se organiza el Sistema Público de Salud de La Rioja?

a) En cinco.
b) En una.
c) En tres.
d) En dos.

20. Indica cuáles de los siguientes no son órganos de dirección del Área de Salud de La Rioja:

a) Directores de Área.
b) Subdirectores de Área.
c) Director Gerente de Área.
d) Directores de Zona.

21. ¿Cuál de los siguientes órganos depende directamente del Director Gerente del Área de Salud de La Rioja?

a) Dirección de Recursos Económicos y Humanos.
b) Dirección Adjunta de Área.
c) Subdirección de Planificación del Nuevo Hospital.
d) Dirección Médica.

22. Señala la respuesta incorrecta. Es una Zona Básica de Salud de la Comunidad Autónoma de La Rioja:

a) Navarrete (Código 09).
b) Logroño - Espartero (Código 15).
c) Pradillo (Código 07).
d) Arnedo (Código 04).

23. ¿Cuál de los siguientes municipios pertenece a la Zona Básica de Salud de Santo Domingo (Código 11)?

a) Ledesma de la Cogolla.
b) San Torcuato.
c) Villamediana de Iregua.
d) Berceo.

24. Las unidades de atención primaria que desarrollan las actividades sanitarias de forma integrada y mediante el trabajo en equipo en las Zonas Básicas de Salud, son:

a) Los Hospitales.
b) Los Centros de Salud.
c) Los Consultorios Locales y Auxiliares de Salud.
d) Los Centros de Diagnóstico y Tratamiento.

25. ¿Cuántos ATS/DUE integrarán los Equipos de Atención Primaria de la Zona Especial de Salud de Camero Viejo?

a) Ninguno.
b) Cuatro.
c) Uno.
d) Dos.

26. Los Consultorios Locales contarán con:

a) Consulta médica diaria, al menos de lunes a viernes.
b) Consulta médica semanal, al menos martes y jueves.

c) Consulta médica diaria, al menos de lunes a jueves.
d) Consulta médica semanal, al menos lunes, miércoles y viernes.

27. Para garantizar una correcta asistencia sanitaria, el personal que integrará cada turno de atención continuada en la Zona Especial de Camero Nuevo, será:

a) 1 Médico y 1 ATS/DUE.
b) 1 Médico y 2 ATS/DUE.
c) 2 Médicos y 1 ATS/DUE.
d) 2 Médicos y 2 ATS/DUE.

28. Los servicios y actividades de los hospitales gestionados por el Servicio Riojano de Salud se agrupan en:

a) Gerencia.
b) División de Enfermería.
c) División de Gestión y Servicios Generales.
d) Todas son correctas.

29. Al frente de un hospital gestionado por el Servicio Riojano de Salud existirá:

a) Un Director Médico.
b) Un Director Gerente.
c) Un Coordinador Médico.
d) Un Director de División.

30. ¿Cuántos miembros, como máximo, compondrán las Comisiones Clínicas y de Gestión?

a) 3.
b) 6.
c) 8.
d) 7.

31. La Comisión de Dirección de un hospital gestionado por el Servicio Riojano de Salud se reunirá, al menos:

a) Una vez al mes.
b) Dos veces al mes.
c) Una vez cada tres meses.
d) Tres veces al año.

32. Indica cuál de los siguientes no es un órgano colegiado de asesoramiento a los Órganos de Dirección del hospital:

a) La Comisión Técnica Hospitalaria.
b) La Comisión de Garantía de la Calidad.

c) El Comité Asesor Técnico-Asistencial.

d) Ninguna es correcta.

33. ¿Cómo se denominan las unidades orgánicas de carácter multidisciplinar dependientes de un hospital que, sin contar con personalidad jurídica propia, integran un conjunto de recursos humanos y materiales organizándose funcionalmente de forma autónoma con responsabilidad propia para la prestación de una atención integral y mejora de la calidad asistencial?

a) Unidades de Gestión Clínica.

b) Áreas de Gestión Clínica.

c) Consultorios Auxiliares.

d) Centros de convalecencia.

34. ¿Cuál de las siguientes Áreas de Gestión Clínica son creadas como unidades interdisciplinares en el Complejo Hospitalario San Millán-San Pedro de La Rioja por la Orden 6/2005, de 3 de agosto?

a) Área de Gestión Clínica de enfermedades infecciosas.

b) Área de Gestión Clínica de diagnóstico por imagen.

c) Área de Gestión Clínica de diagnóstico biomédico.

d) Todas son correctas.

35. La provisión del puesto de Jefe de Unidad de Gestión Clínica se realizará por el procedimiento de:

a) Concurso.

b) Oposición.

c) Concurso-oposición.

d) Libre designación.

36. El objetivo fundamental de los centros de convalecencia es la evaluación y la rehabilitación integral en régimen de internamiento durante un periodo de tiempo que, por lo general, no superará:

a) Los 60 días.

b) Los 80 días.

c) Los 90 días.

d) Los 100 días.

Solución al test n.º 4

1. c) En once.

2. a) Centralización y responsabilidad en la gestión de los servicios.

3. b) No, salvo en algunos casos.

4. d) Son correctas a) y b).

5. c) El Defensor del Usuario.

6. a) Salud Pública, Salud Laboral y Asistencia Sanitaria.

7. c) El Consejo Riojano de Salud.

8. d) Todos los anteriores tienen el carácter de Autoridad Sanitaria.

9. b) Un organismo autónomo administrativo.

10. c) El Gerente.

11. a) El Consejo de Gobierno.

12. b) Dos.

13. b) El Plan de Salud de La Rioja.

14. a) Son los suscritos entre la administración sanitaria y las entidades privadas titulares de centros y/o servicios sanitarios.

15. c) Los Consejos de Salud de Zona.

16. d) Todas son correctas.

17. d) Todos los anteriores son correctos.

18. b) De las competencias de las Administraciones Públicas.

19. b) En una.

20. d) Directores de Zona.

21. b) Dirección Adjunta de Área.

22. c) Pradillo (Código 07).

23. b) San Torcuato.

24. b) Los Centros de Salud.

25. d) Dos.

26. a) Consulta médica diaria, al menos de lunes a viernes.

27. c) 2 Médicos y 1 ATS/DUE.

28. d) Todas son correctas.

29. b) Un Director Gerente.

30. c) 8.

31. a) Una vez al mes.

32. a) La Comisión Técnica Hospitalaria.

33. b) Áreas de Gestión Clínica.

34. d) Todas son correctas.

35. d) Libre designación.

36. c) Los 90 días.

TEST N.º 5

Ley 41/2002, de 14 de Noviembre, Básica Reguladora de la Autonomía del Paciente y de Derechos y Obligaciones en Materia de Información y Documentación Clínica

1. La Ley de Autonomía del Paciente establece la obligatoriedad de obtener el consentimiento informado del paciente:

a) Sólo en los casos de intervención quirúrgica.
b) Sólo en los casos de aplicación de procedimientos que supongan grandes riesgos o inconvenientes de notoria repercusión negativa sobre su salud.
c) Para toda actuación en el ámbito de su salud.
d) La Ley no establece esta obligación.

2. Tal y como establece la Ley 41/2002, de Autonomía del Paciente, en caso de que el paciente no acepte el tratamiento se le propondrá que firme el alta voluntaria y si no la firma la Dirección del Centro:

a) Puede disponer el alta forzosa.
b) Firmará en su nombre el alta involuntaria.
c) Mantendrá el ingreso por periodo mínimo de cinco días naturales.
d) No está reconocida la negativa al tratamiento de los pacientes.

3. El derecho del paciente a no ser informado:

a) No está reconocido por la ley.
b) Podrá restringirse en cualquier momento.
c) Podrá restringirse cuando sea estrictamente necesario en beneficio del paciente.
d) Sólo podrá ejercitarse si el paciente designa a un familiar o a otra persona a la que se le facilite la información.

4. El reconocimiento legal de que se respeten los deseos expresados anteriormente en el documento de *instrucciones previas* es una manifestación del derecho:

a) A la información sanitaria.
b) A la segunda opinión.

c) A la autonomía del paciente.

d) A la información post-mortem.

5. Indica la proposición incorrecta en relación con los requisitos del consentimiento:

a) Debe ser libre.

b) Debe ser voluntario.

c) La decisión de consentir debe anteceder a una información adecuada.

d) La persona que lo presta debe tener capacidad para conocer, comprender y querer el alcance de su decisión.

6. La Ley 41/2002, de Autonomía del paciente, establece que, como regla general, el consentimiento se manifestará en forma:

a) Verbal.

b) Escrita.

c) Documental.

d) Ante testigos.

7. Según establece la Ley 41/2002, de Autonomía del Paciente, el paciente o usuario tiene derecho a decidir libremente entre las opciones clínicas disponibles después de recibir:

a) Información completa.

b) Información adecuada.

c) Información documental.

d) Información escrita.

8. La renuncia del paciente a recibir información:

a) No se reconoce por la ley.

b) Está limitada por el interés de la salud del propio paciente.

c) No está limitada por el interés de la salud de terceros.

d) Ninguna de las anteriores es correcta.

9. Uno de los fundamentos éticos del consentimiento informado es el principio de *autonomía*. En aplicación del mismo el profesional sanitario tiene el deber de:

a) Evitar el mal del paciente.

b) Hacer el bien al paciente.

c) Respetar la libre determinación del paciente.

d) Actuar sin discriminación.

10. Según establece la Ley 41/2002, de Autonomía del paciente, ha de constar siempre por escrito:

a) La información al paciente.
b) El consentimiento informado.
c) La aceptación del tratamiento.
d) La negativa al tratamiento.

11. En la legislación sanitaria española, el consentimiento escrito del paciente:

a) Es una exigencia legal.
b) Es conveniente.
c) Es obligatorio en determinados supuestos.
d) No es necesario.

12. Según establece la Ley de Autonomía del Paciente, el consentimiento se prestará por escrito en el caso de:

a) Realización de una actuación sanitaria en el paciente.
b) Aplicación en el paciente de un procedimiento no invasor.
c) Intervención quirúrgica.
d) Aplicación de procedimientos de imprevisible repercusión negativa sobre la salud del paciente.

13. Para que un paciente o usuario otorgue válidamente su consentimiento a un tratamiento, el facultativo le ha de transmitir previamente:

a) Información escrita.
b) Información total y comprensible.
c) Información adecuada, comprensible y razonable.
d) Confianza.

14. La firma de un paciente analfabeto plasmada en el «documento formulario de consentimiento informado» con carácter previo a su intervención quirúrgica:

a) Significa que el paciente ha sido informado adecuadamente.
b) No tiene ninguna validez.
c) No tiene valor en sí misma, lo que no significa que no se pueda acreditar que ha existido información y ha consentido libremente.
d) Tendrá validez si incorpora una diligencia del facultativo indicando la condición del paciente.

15. En relación con el Documento de Consentimiento Informado:

a) Existe un formato unificado en el Sistema Nacional de Salud.
b) Cada Área Sanitaria fijará el suyo.

c) Las Administraciones Sanitarias, Servicios Sanitarios, Sociedades Científicas, Centros Hospitalarios, etc., fijan el que consideran más adecuado en el ámbito de sus competencias.

d) Es cierta la c), siempre que contenga tres partes: Preámbulo, Cuerpo y Aceptación.

16. Al respecto de la parte del Documento de Consentimiento Informado denominado *Aceptación*, señale la respuesta falsa:

a) Recoge la manifestación de conformidad del usuario de acogerse a la intervención o el procedimiento, debiendo suscribirla inexcusablemente con su firma.

b) Firmarán siempre el facultativo y los testigos o representantes que, en su caso, procedan.

c) En ella el usuario manifiesta que ha sido informado por el facultativo y que ha entendido lo que éste le ha dicho.

d) En ella el usuario manifiesta que ha sido informado por el facultativo y que consiente en acogerse a la actuación médica propuesta.

17. ¿Qué parte del Documento de Consentimiento Informado escrito contiene la información sobre procesos alternativos para llevar a cabo el diagnóstico o el tratamiento?

a) El Preámbulo.
b) La Aceptación.
c) El reverso.
d) El Cuerpo.

18. Según determina la Ley 41/2002, el paciente tiene derecho a recibir un informe de alta:

a) Sólo si ha existido ingreso hospitalario.
b) A la finalización del proceso asistencial.
c) En cuyo contenido mínimo habrán de figurar, entre otros, datos de información sanitaria epidemiológica.
d) Previa solicitud.

19. Existen supuestos legales en los que los facultativos pueden llevar a cabo las intervenciones clínicas indispensables en favor de la salud del paciente sin necesidad de contar con su consentimiento ni el de sus representantes o familiares. Uno de ellos es:

a) Cuando el paciente esté incapacitado legalmente.
b) Cuando existe riesgo para la salud pública según determinen las autoridades sanitarias.
c) En caso de riesgo inmediato grave para la integridad física de otro paciente.
d) Cuando el paciente no sea capaz de tomar decisiones.

20. La toma en consideración de los deseos expresados anteriormente con respecto a una actuación médica en su persona por un paciente que en el momento de la intervención no se encuentra en situación de expresar su voluntad se conoce como:

a) Consentimiento.
b) Testamento vital.
c) Eutanasia activa.
d) Eutanasia pasiva.

21. La Ley de Autonomía del Paciente reconoce el derecho a que se respeten los deseos expresados anteriormente en el:

a) Testamento vital.
b) Documento de voluntades anticipadas.
c) Documento de instrucciones previas.
d) Documento de instrucciones preliminares.

22. La información del consentimiento informado no precisa incluir:

a) Riesgos frecuentes.
b) Beneficios que se esperan alcanzar.
c) Consecuencias previsibles de la realización del procedimiento.
d) Bibliografía del procedimiento.

23. El reconocimiento legal de que el ciudadano debe recibir información suficiente y adecuada sobre los problemas sanitarios de la comunidad que impliquen un riesgo para su salud es una manifestación de su derecho:

a) A la información sanitaria epidemiológica.
b) A la información sanitaria asistencial.
c) A la intimidad.
d) A la autonomía.

24. La propiedad de la historia clínica corresponde:

a) Al médico que realiza la actuación sanitaria.
b) A la Administración sanitaria o entidad titular del centro sanitario, cuando el médico trabaja por cuenta propia.
c) Al médico que realiza la atención sanitaria cuando éste trabaja por cuenta ajena y bajo la dependencia de una institución sanitaria.
d) Ninguna respuesta es correcta.

25. La historia clínica deberá realizarse bajo criterios de:

a) Autonomía.
b) Unidad e integración.
c) Garantía de acceso en soporte informático.
d) Claridad y gestión.

26. Tienen libre acceso a la historia clínica del paciente de un centro asistencial:

a) Los profesionales asistenciales y de gestión y servicios del centro.
b) Los profesionales asistenciales del centro.
c) Los profesionales asistenciales del centro implicados en el diagnóstico y tratamiento del enfermo.
d) El personal asistencial, investigador y docente del centro.

27. Respecto del documento formulario de consentimiento informado:

a) El facultativo facilitará una copia al paciente si éste la solicita.
b) El paciente recibirá una copia del mismo.
c) El paciente lo tendrá en su poder al menos setenta y dos horas antes de tomar su decisión y lo devolverá firmado antes de que finalice dicho plazo. Si no lo entrega se entenderá que no ha otorgado el consentimiento.
d) El paciente recibirá la información contenida en el mismo y lo firmará pero no recibirá ninguna copia.

28. No serán aplicadas las instrucciones previas:

a) Que no se hayan formalizado ante notario.
b) Que incorporen actuaciones previstas en el ordenamiento jurídico.
c) Que incorporen previsiones contrarias a la buena práctica clínica.
d) Que se correspondan exactamente con el supuesto de hecho previsto por el sujeto en el momento de emitirlas.

29. La obligación que tienen los profesionales sanitarios de cumplimentar la documentación clínica relacionada con el proceso asistencial en el que intervenga es la expresión de uno de los derechos reconocidos a los ciudadanos respecto del sistema sanitario. ¿De cuál?

a) Derecho de intimidad.
b) Derecho de información.
c) Derecho de libertad de elección.
d) Derecho de documentación.

30. Para la interrupción voluntaria del embarazo de menores de edad o personas con capacidad modificada judicialmente será preciso:

a) Solo la voluntad de dicha persona.
b) En todo caso, el consentimiento expreso de sus representantes legales.
c) Haber escuchado la opinión de sus representantes legales.
d) Las opciones a) y c) son correctas.

Solución al test n.º 5

1. c) Para toda actuación en el ámbito de su salud.

2. a) Puede disponer el alta forzosa.

3. c) Podrá restringirse cuando sea estrictamente necesario en beneficio del paciente.

4. c) A la autonomía del paciente.

5. c) La decisión de consentir debe anteceder a una información adecuada.

6. a) Verbal.

7. b) Información adecuada.

8. b) Está limitada por el interés de la salud del propio paciente.

9. c) Respetar la libre determinación del paciente.

10. d) La negativa al tratamiento.

11. c) Es obligatorio en determinados supuestos.

12. c) Intervención quirúrgica.

13. c) Información adecuada, comprensible y razonable.

14. c) No tiene valor en sí misma, lo que no significa que no se pueda acreditar que ha existido información y ha consentido libremente.

15. d) Es cierta la c), siempre que contenga tres partes: Preámbulo, Cuerpo y Aceptación.

16. a) Recoge la manifestación de conformidad del usuario de acogerse a la intervención o el procedimiento, debiendo suscribirla inexcusablemente con su firma.

17. d) El Cuerpo.

18. b) A la finalización del proceso asistencial.

19. b) Cuando existe riesgo para la salud pública según determinen las autoridades sanitarias.

20. b) Testamento vital.

21. c) Documento de instrucciones previas.

22. d) Bibliografía del procedimiento.

23. a) A la información sanitaria epidemiológica.

24. d) Ninguna respuesta es correcta.

25. b) Unidad e integración.

26. c) Los profesionales asistenciales del centro implicados en el diagnóstico y tratamiento del enfermo.

27. a) El facultativo facilitará una copia al paciente si éste la solicita.

28. c) Que incorporen previsiones contrarias a la buena práctica clínica.

29. b) Derecho de información.

30. b) En todo caso, el consentimiento expreso de sus representantes legales.

TEST N.º 6

Ley 55/2003, de 16 de diciembre, del Estatuto Marco del Personal Estatutario de los Servicios de Salud

1. La Ley 55/2003 del Estatuto Marco de Personal Estatutario de los Servicios de Salud es aplicable:

a) Al personal estatutario de los servicios de salud.
b) Al personal sanitario excluyendo al personal de gestión y servicios.
c) Al personal funcionario de las Comunidades Autónomas.
d) Al personal funcionario del Estado.

2. El personal estatutario con nombramiento expedido para el desempeño de funciones de gestión o para el desempeño de profesiones u oficios que no tengan carácter sanitario se denomina:

a) Personal universitario.
b) Personal de gestión y servicios.
c) Personal directivo.
d) Personal administrativo.

3. Según establece el art. 8 de la Ley 55/2003, de 16 de diciembre, del Estatuto Marco de los Servicios de Salud, es personal estatutario fijo:

a) El que una vez superado el correspondiente proceso selectivo, obtiene un nombramiento para el desempeño, con carácter permanente, de las funcionales que de tal nombramiento se deriven.
b) Todo el personal al servicio de los Servicios de Salud.
c) El personal que realice una prestación de servicios determinados de naturaleza temporal, coyuntural o extraordinaria.
d) El personal en posesión de un contrato laboral indefinido.

4. Las Comunidades Autónomas, en el ámbito de sus competencias, determinarán la limitación máxima de la jornada a tiempo parcial respecto a la jornada completa, con el límite máximo del:

a) El 80 % de la jornada ordinaria, en cómputo anual, o del que proporcionalmente corresponda si se trata de nombramiento temporal de menor duración.
b) El 75 % de la jornada ordinaria, en cómputo anual, o del que proporcionalmente corresponda si se trata de nombramiento temporal de menor duración.
c) El 70 % de la jornada ordinaria, en cómputo anual, o del que proporcionalmente corresponda si se trata de nombramiento temporal de menor duración.
d) El 50 % de la jornada ordinaria, en cómputo anual, o del que proporcionalmente corresponda si se trata de nombramiento temporal de menor duración.

5. Conforme al artículo 6.2 de la Ley 55/2003, de 16 de diciembre, del Estatuto Marco del personal estatutario de los servicios de salud, atendiendo al nivel académico del título exigido para el ingreso, el personal estatutario sanitario de formación profesional se divide en:

a) Técnicos sanitarios y Auxiliares de Enfermería.
b) Técnicos superiores y Técnicos.
c) Técnicos superiores y Técnicos de gestión.
d) Técnicos especialistas y Técnicos.

6. La categoría profesional de Celador está comprendida dentro del grupo de:

a) Personal de gestión y servicios.
b) Personal no estatutario.
c) Personal estatutario sanitario.
d) Personal estatutario de formación profesional.

7. El Estatuto Marco del Personal Estatutario de los Servicios de Salud está regulado por:

a) Una Ley orgánica.
b) Una Ley ordinaria.
c) Un Real Decreto.
d) Un Reglamento.

8. Podrá concurrir a las pruebas selectivas, por el sistema de promoción interna, el personal estatutario fijo que se encuentre en servicio activo y con nombramiento como personal estatutario fijo, en la categoría de procedencia, durante al menos:

a) 2 años.
b) 3 años.
c) 4 años.
d) 5 años.

9. Los procedimientos de selección de personal estatutario temporal se basarán en diferentes principios recogidos en el artículo 33.1 del Estatuto Marco del personal estatutario de los servicios de salud, entre los que no está el principio de:

a) Mérito.
b) Publicidad.
c) Solidaridad.
d) Capacidad.

10. No constituye un derecho individual del personal estatutario:

a) La estabilidad en el empleo.
b) La movilidad voluntaria.
c) El descanso necesario.
d) La negociación colectiva.

11. El régimen de derechos del personal estatutario será aplicable al personal temporal:

a) En la medida en que la naturaleza del derecho lo permita.
b) En todo caso.
c) En ningún caso.
d) Solo cuando así se establezca en su nombramiento.

12. Quienes no acrediten, una vez superado el proceso selectivo, que reúnen los requisitos y condiciones exigidos en la convocatoria:

a) No podrán ser nombrados hasta que subsanen el defecto.
b) No podrán ser nombrados, y quedarán sin efecto sus actuaciones.
c) Podrán ser nombrados de forma condicional.
d) Una vez superado el proceso selectivo, se entiende que reúne los requisitos exigidos, salvo prueba en contrario.

13. No es causa de extinción de la condición de personal estatutario fijo:

a) La renuncia.
b) La jubilación.
c) La sanción disciplinaria firme de separación del servicio.
d) La incapacidad temporal.

14. La incapacidad permanente, cuando sea declarada en sus grados de incapacidad permanente total para la profesión habitual, absoluta para todo trabajo o gran invalidez conforme a las normas reguladoras del Régimen General de la Seguridad Social:

a) Da derecho a la reserva del puesto.
b) Produce la suspensión de la condición de personal estatutario.

c) Produce la pérdida de la condición de personal estatutario.

d) Imposibilita la recuperación de la condición de personal estatutario fijo.

15. La recuperación de la condición de personal estatutario:

a) Supondrá la simultánea declaración del interesado en la situación de excedencia voluntaria, salvo en el caso de que se hubiera perdido como consecuencia de incapacidad.

b) Supondrá la simultánea declaración del interesado en la situación de excedencia voluntaria.

c) Supondrá la reincorporación del interesado a su puesto anterior.

d) Supondrá la reincorporación del interesado a su puesto en reingreso provisional.

16. Según el Estatuto Marco, la selección de personal estatutario fijo se efectuará con carácter general a través del sistema de:

a) Oposición.

b) Concurso-oposición.

c) Concurso.

d) Pruebas selectivas.

17. En relación con los derechos y deberes regulados en el Estatuto Marco, no se considera un derecho colectivo:

a) La huelga.

b) La actividad sindical.

c) La reunión.

d) La estabilidad en el empleo.

18. La renuncia a la condición de personal estatutario, en los casos en que no exista un expediente disciplinario abierto, deberá ser solicitada por el interesado con una antelación mínima a su efectividad:

a) En cualquier momento.

b) De 15 días.

c) Tiene carácter voluntario y no está sometida a preaviso.

d) De un mes.

19. El personal estatutario de los servicios de salud tiene el deber de:

a) Participar en la elaboración de los convenios colectivos.

b) Realizar sus funciones fuera del horario y jornada habitual.

c) Realizar actividades sindicales.

d) Respetar la Constitución, el Estatuto de Autonomía correspondiente y el resto del ordenamiento jurídico.

20. Según el Estatuto Marco del Personal Estatutario de los Servicios de Salud, ¿cuál de los siguientes es un derecho colectivo?

a) Derecho a la percepción puntual de las retribuciones e indemnizaciones por razón del servicio en cada caso establecidas.
b) Derecho a la libre sindicación.
c) Derecho a la movilidad voluntaria, promoción interna y desarrollo profesional, en la forma en que prevean las disposiciones en cada caso aplicables.
d) Derecho a la jubilación en los términos y condiciones establecidas en las normas en cada caso aplicables.

21. Según el Estatuto Marco, siempre que la duración de la jornada exceda de seis horas continuadas, deberá establecerse un periodo de descanso durante la misma de al menos:

a) 10 minutos.
b) 15 minutos.
c) 20 minutos.
d) 30 minutos.

22. Son faltas muy graves:

a) La falta de obediencia debida a los superiores.
b) El acoso sexual, cuando el sujeto activo del acoso cree con su conducta un entorno laboral intimidatorio, hostil o humillante para la persona que es objeto del mismo.
c) El incumplimiento del deber de respeto a la Constitución o al respectivo Estatuto de Autonomía en el ejercicio de sus funciones.
d) La aceptación de cualquier tipo de contraprestación por los servicios prestados a los usuarios de los Servicios de Salud.

23. El funcionario sancionado con la separación del servicio no podrá concurrir a las pruebas de selección para la obtención de la condición de personal estatutario fijo, ni prestar servicios como personal estatutario temporal, durante:

a) Los 6 años siguientes.
b) Los 5 años siguientes.
c) Los 10 años siguientes.
d) La separación del servicio es definitiva.

24. Cuando la suspensión de funciones se imponga por falta muy grave, no podrá superar:

a) Los seis años.
b) Los diez años.
c) Los doce años.
d) Los quince años.

25. Las faltas graves prescribirán:

a) Al año.
b) A los dos años.
c) A los tres años.
d) A los cuatro años.

26. Las sanciones impuestas por faltas leves prescribirán:

a) Al mes.
b) A los tres meses.
c) A los seis meses.
d) Al año.

27. Las sanciones disciplinarias firmes que se impongan al personal estatutario se anotarán en su expediente personal. Las anotaciones por sanciones impuestas por faltas leves se cancelarán de oficio, desde el cumplimiento de la sanción, a:

a) Los 3 meses.
b) Los 6 meses.
c) El año.
d) Los 2 años.

28. Es una retribución básica del personal estatutario:

a) El complemento de destino.
b) El complemento de carrera.
c) Las pagas extraordinarias.
d) El complemento de productividad.

29. No es correcto, en relación a las retribuciones del personal estatutario, que:

a) Podrá asignarse más de un complemento específico a cada puesto por una misma circunstancia.
b) El importe anual del complemento de destino se abonará en catorce pagas.
c) Las retribuciones complementarias son fijas o variables.
d) Las retribuciones básicas y las cuantías del sueldo y los trienios serán iguales en todos los Servicios de Salud.

30. La especial dificultad técnica, dedicación, responsabilidad, incompatibilidad, peligrosidad o penosidad de algunos puestos de trabajo del Personal Estatutario, se retribuye a través del:

a) Complemento de destino.
b) Complemento de atención continuada.

c) Complemento específico.
d) Complemento de productividad.

31. La jornada realizada por el personal estatutario fuera de la jornada ordinaria de trabajo con el fin de garantizar la adecuada atención permanente al usuario de los centros sanitarios, se denomina:

a) Jornada extraordinaria.
b) Jornada complementaria.
c) Jornada partida.
d) Jornada de servicios localizados.

32. La grave desconsideración con los superiores, compañeros, subordinados o usuarios se considera, según el Estatuto Marco Personal Estatutario de los Servicios de Salud:

a) Falta leve.
b) Falta grave.
c) No se considera falta.
d) Es una práctica normal.

33. Según el art. 72.2 del Estatuto Marco, tendrá la consideración de falta muy grave:

a) Intervenir en un procedimiento administrativo cuando se dé alguna de las causas de abstención legalmente señaladas.
b) Toda actuación que suponga discriminación por razones ideológicas, morales, políticas, sindicales, de raza, lengua, género, religión o circunstancias económicas, personales o sociales, tanto del personal como de los usuarios.
c) El incumplimiento injustificado de la jornada de trabajo que acumulado suponga más de 20 horas al mes.
d) La incorrección con los superiores, compañeros, subordinados o usuarios.

34. ¿Qué tiempo máximo puede estar un trabajador en una situación de suspensión de funciones por sanción disciplinaria?

a) 6 años.
b) 1 mes.
c) 1 año.
d) 5 años.

35. Para poder obtener la excedencia voluntaria por interés particular es necesario haber prestado servicios efectivos en cualquiera de las Administraciones Públicas durante:

a) Los cinco años inmediatamente anteriores.
b) Los cuatro años inmediatamente anteriores.
c) El año inmediatamente anterior.
d) No se exige periodo mínimo de prestación efectiva de servicios.

36. El artículo 24 de la Ley 55/2003, de 16 de diciembre (Estatuto Marco del Personal Estatutario de los Servicios de Salud), establece que la sanción de separación del servicio:

a) Cuando adquiere carácter firme, supone la pérdida de la condición de personal estatutario.

b) Cuando adquiere carácter provisional, supone la pérdida de la condición de personal estatutario.

c) Cuando adquiere carácter provisional, supone la pérdida de la condición de personal laboral.

d) Cuando adquiere carácter firme, supone la pérdida de la condición de personal funcionario.

37. En el Estatuto Marco se establece que el personal estatutario en comisión de servicios percibirá las retribuciones:

a) Correspondientes a las funciones especiales que realice en el puesto de destino.

b) De su plaza o puesto de origen.

c) Proporcional a cada Centro.

d) Correspondientes a la plaza o puesto efectivamente desempeñado, salvo que sean inferiores a las que correspondan por la plaza de origen, en cuyo caso se percibirán estas.

38. En el régimen disciplinario del Estatuto Marco se reconoce a los interesados el derecho a:

a) Proponer el nombramiento del instructor.

b) Solicitar la excedencia voluntaria durante la tramitación del expediente.

c) Formular Pliegos de cargos.

d) Formular alegaciones en cualquier fase del procedimiento.

39. La conducta de producir daños o el deterioro en las instalaciones, equipamiento, instrumental o documentación por negligencia inexcusable, se considera en el Estatuto Marco:

a) Una falta leve.

b) Una falta grave.

c) Una falta muy grave.

d) Una actuación punible.

40. De las siguientes, la sanción que se aplicará al personal estatutario por la comisión de falta grave será:

a) Suspensión de funciones.

b) Traslado forzoso con cambio de localidad.

c) Separación del servicio.

d) Apercibimiento.

Solución al test n.º 6

1. a) Al personal estatutario de los servicios de salud.

2. b) Personal de gestión y servicios.

3. a) El que una vez superado el correspondiente proceso selectivo, obtiene un nombramiento para el desempeño, con carácter permanente, de las funcionales que de tal nombramiento se deriven.

4. b) El 75 % de la jornada ordinaria, en cómputo anual, o del que proporcionalmente corresponda si se trata de nombramiento temporal de menor duración.

5. b) Técnicos superiores y Técnicos.

6. a) Personal de gestión y servicios.

7. b) Una Ley ordinaria.

8. a) 2 años.

9. c) Solidaridad.

10. d) La negociación colectiva.

11. a) En la medida en que la naturaleza del derecho lo permita.

12. b) No podrán ser nombrados, y quedarán sin efecto sus actuaciones.

13. d) La incapacidad temporal.

14. c) Produce la pérdida de la condición de personal estatutario.

15. a) Supondrá la simultánea declaración del interesado en la situación de excedencia voluntaria, salvo en el caso de que se hubiera perdido como consecuencia de incapacidad.

16. b) Concurso-oposición.

17. d) La estabilidad en el empleo.

18. b) De 15 días.

19. d) Respetar la Constitución, el Estatuto de Autonomía correspondiente y el resto del ordenamiento jurídico.

20. b) Derecho a la libre sindicación.

21. b) 15 minutos.

22. c) El incumplimiento del deber de respeto a la Constitución o al respectivo Estatuto de Autonomía en el ejercicio de sus funciones.

23. a) Los 6 años siguientes.

24. a) Los seis años.

25. b) A los dos años.

26. c) A los seis meses.

27. b) Los 6 meses.

28. c) Las pagas extraordinarias.

29. a) Podrá asignarse más de un complemento específico a cada puesto por una misma circunstancia.

30. c) Complemento específico.

31. b) Jornada complementaria.

32. b) Falta grave.

33. b) Toda actuación que suponga discriminación por razones ideológicas, morales, políticas, sindicales, de raza, lengua, género, religión o circunstancias económicas, personales o sociales, tanto del personal como de los usuarios.

34. a) 6 años.

35. a) Los cinco años inmediatamente anteriores.

36. a) Cuando adquiere carácter firme, supone la pérdida de la condición de personal estatutario.

37. d) Correspondientes a la plaza o puesto efectivamente desempeñado, salvo que sean inferiores a las que correspondan por la plaza de origen, en cuyo caso se percibirán estas.

38. d) Suspensión de funciones.

39. b) Una falta grave.

40. a) Suspensión de funciones.

TEST N.º 7

El Decreto 2/2011, de 14 de enero, de selección de personal estatutario y provisión de plazas y puestos de trabajo del Servicio Riojano de Salud

1. La provisión de plazas, selección y promoción interna y la movilidad del personal estatutario de los servicios de salud a nivel estatal viene regulado por:

a) La Ley 55/2003, de 16 de diciembre.
b) El Real Decreto Ley 1/1999, de 8 de enero.
c) El Real Decreto 1473/2001, de 27 de diciembre.
d) La Constitución Española de 1978.

2. El Decreto 2/2011, de 14 de enero, de selección de personal estatutario y provisión de plazas y puestos de trabajo del Servicio Riojano de Salud se dicta:

a) En virtud de la disposición transitoria sexta del Real Decreto Ley 1/1999, de 8 de enero.
b) Conforme a lo dispuesto en el Decreto 8/2007, de 2 de marzo.
c) A raíz de la Sentencia del Tribunal Superior de Justicia de La Rioja.
d) En virtud del acuerdo de la Mesa Sectorial del Servicio Riojano de Salud.

3. El Decreto 2/2011, de 14 de enero, se compone de:

a) 95 artículos.
b) Seis títulos y ocho capítulos.
c) 93 artículos y cuatro capítulos.
d) 93 artículos, seis títulos y doce capítulos.

4. El proceso de provisión de plazas en el Servicio Riojano de Salud viene regulado en el Decreto 2/2011, de 14 de enero, en su Título:

a) Tercero.
b) Cuarto.
c) Segundo.
d) Primero.

5. La expresión cifrada y sistemática del número de plazas que, como máximo, pueden ser provistas con carácter permanente en el Servicio Riojano de Salud, organizadas por tipo de funciones, relación de empleo, grupo de clasificación profesional y centro, se llama:

a) Personal.
b) Plantilla.
c) Equipo.
d) Relación de Puestos de Trabajo.

6. En el Servicio Riojano de Salud, y atendiendo a la función, las plazas se clasifican en:

a) Personal funcionario, estatutario o laboral.
b) Personal sanitario o estatutario.
c) Personal sanitario funcionario o sanitario estatutario.
d) Personal sanitario o de gestión y servicios.

7. Según el artículo 2 del Decreto 2/2011, de 14 de enero, se declararán a extinguir las plazas reservadas para el personal:

a) De gestión y servicios.
b) Laboral.
c) Funcionario.
d) Funcionario y laboral.

8. El instrumento organizativo que ordena la plantilla del Servicio Riojano de Salud en puestos de trabajo, para el ejercicio de las funciones correspondientes a cada categoría y la consecuente prestación de la asistencia sanitaria a la población es:

a) El sistema de provisión de plazas.
b) La relación de puestos de trabajo.
c) La relación de empleo.
d) El sistema de provisión de puestos de trabajo.

9. La Relación de Puestos de Trabajo del Servicio Riojano de Salud debe ser aprobada en cada caso mediante:

a) Acuerdo de la Mesa Sectorial.
b) Resolución de la Consejería de Salud.
c) Decreto.
d) Acuerdo de cada Centro en atención a los procesos de movilidad interna.

10. La oferta de empleo público de personal estatutario del Servicio Riojano de Salud reservará un cupo de las plazas ofertadas para ser cubiertas por personas con discapacidad:

a) Igual o superior al 33 %.
b) Igual o superior al 10 %.
c) No inferior al 7 %.
d) De al menos el 50 %.

11. La Oferta de Empleo Público del Servicio Riojano de Salud, reservará al turno de promoción interna:

a) Ninguna plaza.
b) Un máximo del 50 % de las plazas ofertadas.
c) Al menos el 50 % de las plazas ofertadas.
d) Un mínimo del 7 % de las plazas ofertadas.

12. No es un procedimiento contemplado para la provisión permanente de plazas del Servicio Riojano de Salud:

a) La selección de personal de nuevo ingreso.
b) La movilidad voluntaria con el resto de personal estatutario fijo de las restantes consejerías de la Comunidad Autónoma.
c) La promoción interna de personal estatutario fijo.
d) Todos los anteriores lo son.

13. La selección de personal estatutario fijo de nuevo ingreso del Servicio Riojano de Salud se realizará, con carácter general, a través del sistema de:

a) Oposición.
b) Concurso.
c) Movilidad.
d) Concurso oposición.

14. En el sistema de concurso-oposición para la selección de personal estatutario fijo de nuevo ingreso del Servicio Riojano de Salud, la valoración de la fase de oposición, en relación con la puntuación total, será de al menos:

a) Un 40 %.
b) Un 50 %.
c) Un 33 %.
d) Un 60 %.

15. El proceso selectivo del personal estatutario fijo del Servicio Riojano de Salud se inicia con la publicación de la resolución de la convocatoria que haya sido aprobada por:

a) Decreto del Gobierno de La Rioja.
b) Acuerdo de la Mesa Sectorial del Servicio Riojano de Salud.
c) Orden de la Consejería de Salud de La Rioja.
d) Resolución de la Presidencia del Servicio Riojano de Salud.

16. Es requisito ineludible para poder participar en los procesos de selección de personal estatutario fijo del Servicio Riojano de Salud:

a) Ser mayor de 18 años.
b) Ser español.
c) Estar en condiciones de obtener la titulación exigida en la convocatoria dentro del plazo de presentación de solicitudes.
d) Que hayan transcurrido más de seis años desde que haya sido inhabilitado con carácter firme para el ejercicio de funciones públicas.

17. El período de prácticas de las pruebas selectivas de personal estatutario fijo del Servicio Riojano de Salud:

a) Se establecerá siempre que se requiera un título académico o profesional específico.
b) No tendrá nunca carácter eliminatorio.
c) Permitirá a los aspirantes en prácticas formar parte de la plantilla del Organismo en la categoría objeto del proceso selectivo.
d) Compensará a los aspirantes en prácticas con una retribución equivalente al sueldo y pagas extraordinarias correspondientes a la categoría objeto del proceso selectivo.

18. La adjudicación de plaza al personal estatutario fijo del Servicio Riojano de Salud de nuevo ingreso:

a) Será siempre con carácter definitivo.
b) Será siempre con carácter provisional.
c) Será con carácter definitivo, salvo que afecte a las legítimas expectativas de movilidad del personal fijo.
d) Será con carácter provisional, quedando el adjudicatario obligado a participar en el siguiente concurso de traslados para obtener un nombramiento definitivo.

19. El plazo de toma de posesión del adjudicatario de la plaza de personal estatutario fijo del Servicio Riojano de Salud será:

a) De un mes desde la publicación de la resolución de nombramiento.
b) De un mes desde la fecha de la resolución del nombramiento.

c) De un mes a partir del día siguiente al de la publicación de la resolución de nombramiento.

d) De un mes a partir del día siguiente al de la fecha de la resolución de nombramiento.

20. Será requisito para la participación en procesos selectivos por el sistema de promoción interna del Servicio Riojano de Salud:

a) Haber prestado servicios como personal estatutario fijo durante al menos dos años en la categoría a la que se opta.

b) Encontrarse en servicio activo en cualquier administración pública.

c) Haber prestado servicios durante cinco años en la categoría de origen y ostentar la titulación exigida en el grupo al de la categoría a la que aspira a ingresar.

d) Ostentar la titulación exigida, salvo las especialidades de los casos de acceso a las categorías de personal de formación profesional.

21. Se podrá participar en el concurso de traslados el personal estatutario fijo:

a) Siempre que pertenezca al Servicio Riojano de Salud.

b) Siempre que se encuentre en la situación de servicio activo.

c) Siempre que haya tomado posesión en la plaza con adjudicación definitiva con al menos un año de antelación a la fecha de la finalización del plazo establecido para la presentación de solicitudes.

d) Siempre que no se encuentre en situación de excedencia voluntaria.

22. ¿Quiénes de los siguientes no están obligados a participar en el concurso de traslados?

a) El personal estatutario fijo que se encuentre en situación distinta a la de servicio activo sin ostentar reserva de plaza.

b) El personal reingresado provisional al servicio activo en el Servicio Riojano de Salud, que se encuentren en esta situación a fecha de la publicación de la convocatoria.

c) El personal fijo con adscripción al puesto en libre designación y adjudicación provisional en la plaza.

d) El personal de nuevo ingreso con adjudicación provisional en la plaza.

23. Las personas adjudicatarias de una plaza obtenida mediante concurso de traslados del Servicio Riojano de Salud, deberán permanecer en la misma antes de poder participar en un nuevo concurso durante:

a) Mínimo un año.

b) Mínimo un año, salvo que se amortice la plaza.

c) Máximo de un año, salvo amortización de la plaza.

d) Un mínimo de dos años, en todo caso.

24. En los concursos de traslados del personal estatutario de los centros e instituciones sanitarias del Servicio Riojano de Salud:

a) Una vez presentada la solicitud, no se admitirá el desistimiento de la misma o la retirada del concurso.

b) Quienes hayan sido excluidos de la relación provisional de admitidos podrán presentar recurso administrativo.

c) Las plazas adjudicadas serán irrenunciables en todo caso.

d) La convocatoria se aprobará mediante Resolución de la Presidencia del Servicio Riojano de Salud.

25. Las personas adjudicatarias de plaza procedentes de concurso de traslados, en el caso del personal que proceda del Servicio Riojano de Salud:

a) Dispondrán de un mes para su toma de posesión a contar desde el día del cese en el destino anterior.

b) Tomarán posesión de la misma cuando se le indique por dicho Organismo.

c) Tomarán posesión dentro de los tres días siguientes a la fecha de la publicación de la plaza adjudicada.

d) Dispondrán de un mes para su toma de posesión, a contar desde la fecha de publicación de la resolución definitiva del concurso de traslados.

26. No es un tipo de movilidad voluntaria del personal estatutario del Servicio Riojano de Salud:

a) La movilidad por acoso laboral.

b) La movilidad por razón del servicio.

c) La movilidad como protección a las mujeres víctimas de violencia de género.

d) La movilidad por razón de salud.

27. La reasignación de efectivos del personal del Servicio Riojano de Salud deberá establecerse mediante:

a) Un plan de redistribución de efectivos.

b) Concurso de traslados.

c) Un plan de ordenación de recursos humanos.

d) Promoción interna.

28. No es causa de finalización de la comisión de servicios en plaza con carácter voluntaria del personal del Servicio Riojano de Salud:

a) La decisión discrecional de la Administración.

b) El agotamiento del período para el que fue concedida.

c) El transcurso del pazo de un año.

d) El transcurso del plazo de dos años o alguna de sus prórrogas, si las hubiera.

29. La Comisión de servicios en plaza perteneciente a otro Servicio de Salud tendrá carácter:

a) Voluntaria siempre.
b) Forzosa siempre.
c) Voluntaria, salvo que la plaza se encuentre vacante o temporalmente desatendida y no pueda ser cubierta de otro modo.
d) Voluntaria, salvo que el personal estatutario al que se le adjudique se encuentre en excedencia sin reserva de plaza.

30. La adjudicación de una plaza con carácter provisional y voluntario, en una categoría del mismo o superior nivel de titulación, a un empleado estatutario fijo provisionalmente nombrado, se conoce como:

a) Movilidad por razón del servicio.
b) Promoción interna temporal.
c) Personal estatutario temporal.
d) Comisión de servicios en plaza.

31. Durante el tiempo en que realice funciones en promoción interna temporal, el personal estatutario del Servicio Riojano de Salud:

a) Causará baja en su categoría de origen.
b) Percibirá las retribuciones correspondientes a la plaza y puesto de origen.
c) Podrá consolidar los derechos de carácter retributivo correspondiente a la plaza o puesto realmente desempeñados.
d) La percepción de los trienios y las retribuciones correspondientes a la carrera o al desarrollo profesional serán los correspondientes a su categoría de origen.

32. El procedimiento para la concesión de la promoción interna temporal en el Servicio Riojano de Salud se aprobará mediante:

a) Acuerdo de la Mesa Sectorial.
b) Resolución de la Presidencia del Servicio Riojano de Salud.
c) Decreto.
d) Resolución de la Consejería de Salud.

33. En el supuesto de que, por razones coyunturales, se atribuya al personal estatutario o funcionario el desempeño temporal de funciones acordes a su categoría que no estén asignadas específicamente a las plazas incluidas en las plantillas correspondientes:

a) Dicha asignación no podrá exceder de un año en ningún caso.
b) Percibirá las retribuciones correspondientes a la plaza o puesto realmente desempeñados.
c) Continuará percibiendo las retribuciones correspondientes a su plaza.
d) No tendrá derecho a la percepción de indemnización alguna por razón del servicio.

34. No se entenderá ocupada una plaza de personal estatutario del Servicio Riojano de Salud mediante adjudicación con carácter provisional:

a) Cuando, tras la amortización de la plaza, proceda el pase a la situación de excedencia voluntaria.

b) Cuando al personal estatutario de nuevo ingreso no le corresponda una adjudicación con carácter definitivo en plaza.

c) Cuando el personal adscrito al puesto de trabajo en libre designación no ostente una adjudicación definitiva de plaza en el centro de destino.

d) En los supuestos de reingreso al servicio activo sin reserva de plaza.

35. El personal temporal sustituto del Servicio Riojano de Salud cesará:

a) Cuando venza el plazo que expresamente se determine en su nombramiento.

b) Cuando se produzca la causa que determinó su nombramiento.

c) Cuando se reincorpore la persona sustituida.

d) Cuando se supriman las funciones que en su día motivaron el nombramiento.

36. Cuando un empleado estatutario del Servicio Riojano de Salud que ha sido sustituido, pierde el derecho a la reincorporación, pero se mantiene la necesidad de cobertura de la plaza, la Administración podrá nombrar temporalmente a:

a) Personal temporal sustituto.

b) Personal de adscripción provisional.

c) Personal temporal interino.

d) Personal estatutario fijo.

37. La adscripción a un puesto de trabajo con carácter provisional del personal estatutario del Servicio Riojano de Salud se producirá:

a) Cuando la plaza obtenida con carácter definitivo corresponda a una categoría exenta de los procesos de movilidad interna en el centro de que se trate.

b) Cuando se obtenga una plaza tras un proceso selectivo.

c) Cuando sea consecuencia del resultado de un procedimiento de movilidad interna, la persona disfrute de una adjudicación con carácter definitivo en plaza y el puesto ofertado esté vacante.

d) Cuando sea consecuencia de un procedimiento de libre designación.

38. El procedimiento mediante el cual el personal estatutario fijo, funcionario de carrera o personal laboral fijo, con adjudicación de carácter definitivo en una plaza del centro y adscripción definitiva al puesto de trabajo, accede, dentro de la misma unidad o del propio centro si este no se divide en unidades, a un puesto de trabajo del mismo tipo, se llama:

a) Provisión.

b) Adscripción.

c) Movilidad.
d) Acoplamiento.

39. El personal adscrito a un puesto de trabajo mediante el procedimiento de libre designación:

a) Tiene derecho a reserva de su anterior puesto de trabajo, si era fijo en este.
b) Podrá ser removido discrecionalmente del mismo por la autoridad que le adscribió, sin que sea necesaria la motivación del acto.
c) No le será necesaria la correspondiente estatutarización, si procede de otro Servicio de Salud.
d) Está exento de participar en el siguiente concurso de traslados, aunque se encuentre ocupando la plaza mediante adjudicación provisional.

40. La convocatoria pública para la provisión de puesto de trabajo mediante el procedimiento de libre designación en el Servicio Riojano de Salud deberá contener obligatoriamente:

a) La composición del Tribunal evaluador.
b) La categoría o categorías estatutarias o equivalentes y especialidad, si procede.
c) Los criterios de valoración.
d) La posibilidad de presentación por los aspirantes de un proyecto técnico de desempeño del puesto de trabajo.

41. La aprobación de la oferta de empleo público de personal estatutario del Servicio Riojano de Salud, corresponde:

a) Al Consejo de Gobierno de La Rioja.
b) A la Consejería competente en materia de salud de La Rioja.
c) A la Mesa Sectorial.
d) Al Parlamento de La rioja.

42. En el caso de que se trate de oposición o concurso oposición, el primer ejercicio se celebrará, desde la publicación de la convocatoria en el Boletín Oficial de La Rioja:

a) Transcurridas al menos 72 horas.
b) A partir del cuarto mes.
c) En un máximo de 45 días.
d) En un mínimo de 45 días y máximo de 4 meses.

43. Una vez publicada la relación provisional de personas admitidas y excluidas en el proceso selectivo de que se trate, la omisión del pago de la tasa podrá subsanarse:

a) En el plazo de un mes.
b) En el plazo de diez días.

c) Es un defecto que se entiende insubsanable.
d) En cualquier momento.

44. El tribunal de selección de las pruebas de acceso para el personal estatutario de La Rioja estará compuesto por:

a) Un Presidente, un Secretario y cinco vocales.
b) Cinco miembros que deberán poseer una titulación correspondiente a la misma área de conocimientos que la exigida para acceder a las pruebas selectivas.
c) Miembros elegidos entre el personal de designación política.
d) Un Presidente, un Secretario, tres vocales y si así lo solicitasen, varios asesores especialistas.

45. La adjudicación al personal fijo de la plaza realizada como consecuencia de la reasignación de efectivos tendrá:

a) El mismo carácter que la plaza de origen.
b) Carácter Fijo.
c) Carácter Provisional.
d) El carácter que tenga la plaza que se le asigna.

46. El personal estatutario reingresado provisional que no obtenga plaza, y no haya solicitado todas las plazas convocadas:

a) Obtendrá una nueva adjudicación provisional en alguna de las plazas vacantes correspondientes a su categoría.
b) Será declarado de oficio en excedencia voluntaria.
c) Podrá optar por obtener una nueva adjudicación provisional en alguna de las plazas vacantes correspondientes a su categoría o pasar la situación de excedencia voluntaria.
d) Pasará a excedencia forzosa.

47. El personal seleccionado por el sistema de promoción interna:

a) Accede a la plaza mediante sistemas de selección distintos a los del turno libre.
b) No están sometidos en su elección a los principios de igualdad, mérito y capacidad.
c) Ostenta preferencia de elección de la plaza respecto al personal de acceso libre.
d) No tiene la exigencia del requisito de titulación.

48. El objeto del Decreto 2/2011, de 14 de enero es:

a) La eliminación del personal funcionario y laboral del Servicio de Salud de La Rioja.
b) Disponer un mecanismo transitorio destinado a evitar el vacío normativo y que ha permitido al Servicio Riojano de Salud la celebración de procesos selectivos y de movilidad voluntaria.

c) La implantación de un sistema integrado de gestión del personal y nóminas.

d) Regular los sistemas de selección de personal estatutario, la provisión de plazas y la provisión de puestos de trabajo del Servicio Riojano de Salud.

49. En las Zonas Básicas de Salud de La Rioja procederá la adscripción definitiva del puesto de trabajo:

a) Cuando la toma de posesión haya estado precedida de un proceso de movilidad, tras concurso de traslados.

b) Cuando se obtenga el puesto de trabajo en comisión de servicios.

c) Cuando se obtenga un puesto de trabajo reservado mediante un procedimiento de movilidad interna a puestos de trabajo.

d) Cuando se obtenga una plaza tras un proceso selectivo.

50. La comisión de servicios en puesto de trabajo:

a) Sólo podrá ser asignada a personal estatutario.

b) Es posible cubrirla de manera forzosa.

c) En ningún caso podrá superar el plazo de un año.

d) No otorga derecho a la reserva de plaza y puesto de trabajo.

Solución al test n.º 7

1. a) La Ley 55/2003, de 16 de diciembre.

2. d) En virtud del acuerdo de la Mesa Sectorial del Servicio Riojano de Salud.

3. c) 93 artículos y cuatro capítulos.

4. c) Segundo.

5. b) Plantilla.

6. d) Personal sanitario o de gestión y servicios.

7. d) Funcionario y laboral.

8. b) La relación de puestos de trabajo.

9. c) Decreto.

10. c) No inferior al 7 %.

11. c) Al menos el 50 % de las plazas ofertadas.

12. b) La movilidad voluntaria con el resto de personal estatutario fijo de las restantes consejerías de la Comunidad Autónoma.

13. d) Concurso oposición.

14. d) Un 60 %.

15. d) Resolución de la Presidencia del Servicio Riojano de Salud.

16. c) Estar en condiciones de obtener la titulación exigida en la convocatoria dentro del plazo de presentación de solicitudes.

17. d) Compensará a los aspirantes en prácticas con una retribución equivalente al sueldo y pagas extraordinarias correspondientes a la categoría objeto del proceso selectivo.

18. c) Será con carácter definitivo, salvo que afecte a las legítimas expectativas de movilidad del personal fijo.

19. c) De un mes a partir del día siguiente al de la publicación de la resolución de nombramiento.

20. d) Ostentar la titulación exigida, salvo las especialidades de los casos de acceso a las categorías de personal de formación profesional.

21. c) Siempre que haya tomado posesión en la plaza con adjudicación definitiva con al menos un año de antelación a la fecha de la finalización del plazo establecido para la presentación de solicitudes.

22. a) El personal estatutario fijo que se encuentre en situación distinta a la de servicio activo sin ostentar reserva de plaza.

23. b) Mínimo un año, salvo que se amortice la plaza.

24. d) La convocatoria se aprobará mediante Resolución de la Presidencia del Servicio Riojano de Salud.

25. b) Tomarán posesión de la misma cuando se le indique por dicho Organismo.

26. b) La movilidad por razón del servicio.

27. c) Un plan de ordenación de recursos humanos.

28. c) El transcurso del pazo de un año.

29. a) Voluntaria siempre.

30. b) Promoción interna temporal.

31. d) La percepción de los trienios y las retribuciones correspondientes a la carrera o al desarrollo profesional serán los correspondientes a su categoría de origen.

32. b) Resolución de la Presidencia del Servicio Riojano de Salud.

33. c) Continuará percibiendo las retribuciones correspondientes a su plaza.

34. a) Cuando, tras la amortización de la plaza, proceda el pase a la situación de excedencia voluntaria.

35. c) Cuando se reincorpore la persona sustituida.

36. c) Personal temporal interino.

37. b) Cuando se obtenga una plaza tras un proceso selectivo.

38. d) Acoplamiento.

39. b) Podrá ser removido discrecionalmente del mismo por la autoridad que le adscribió, sin que sea necesaria la motivación del acto.

40. b) La categoría o categorías estatutarias o equivalentes y especialidad, si procede.

41. a) Al Consejo de Gobierno de La Rioja.

42. b) A partir del cuarto mes.

43. c) Es un defecto que se entiende insubsanable.

44. d) Un Presidente, un Secretario, tres vocales y si así lo solicitasen, varios asesores especialistas.

45. a) El mismo carácter que la plaza de origen.

46. b) Será declarado de oficio en excedencia voluntaria.

47. c) Ostenta preferencia de elección de la plaza respecto al personal de acceso libre.

48. d) Regular los sistemas de selección de personal estatutario, la provisión de plazas y la provisión de puestos de trabajo del Servicio Riojano de Salud.

49. a) Cuando la toma de posesión haya estado precedida de un proceso de movilidad, tras concurso de traslados.

50. b) Es posible cubrirla de manera forzosa.

Real Decreto Legislativo 5/2015, de 30 de octubre, por el que se aprueba el Texto Refundido de la Ley del Estatuto Básico del Empleado Público

1. Según el artículo 1.3. del Texto Refundido de la Ley del Estatuto Básico del Empleado Público, uno de los fundamentos de actuación reflejados por el EBEP es el servicio a los ciudadanos y:

a) A los intereses generales.
b) Al ordenamiento jurídico.
c) Al bienestar general.
d) A la Administración Pública.

2. Se regirá por la legislación específica dictada por el Estado y por las comunidades autónomas en el ámbito de sus respectivas competencias y por lo previsto en el EBEP, excepto el capítulo II del título III (salvo el artículo 20), y los artículos 22.3, 24 y 84:

a) El personal funcionario de las Universidades Públicas.
b) El personal funcionario y en lo que proceda el personal laboral al servicio de las Administraciones de las entidades locales.
c) El personal estatutario de los servicios de salud.
d) El personal funcionario y laboral al servicio de las Administraciones de las comunidades autónomas.

3. El Estatuto Básico del Empleado Público tendrá carácter supletorio:

a) Para el personal laboral al servicio de las Administraciones de las comunidades autónomas.
b) Para el personal docente.
c) Para el personal estatutario de los servicios de salud.
d) Para todo el personal de las Administraciones Públicas no incluido en su ámbito de aplicación.

4. El EBEP contiene:

a) Aquello que es común al conjunto de los empleados públicos de todas las Administraciones Públicas.

b) Las normas legales específicas aplicables a los empleados públicos de todas las Administraciones Públicas.

c) Aquello que es común al conjunto de los funcionarios de todas las Administraciones Públicas, más las normas legales específicas aplicables al personal laboral a su servicio.

d) Aquello que es común al conjunto del personal laboral de todas las Administraciones Públicas, más las normas legales específicas aplicables al personal funcionario a su servicio.

5. Señalar la respuesta incorrecta. La designación de personal directivo:

a) Atenderá a principios de mérito y capacidad.

b) Se llevará a cabo mediante procedimientos que garanticen la publicidad y concurrencia.

c) Supone la adquisición de la condición de personal eventual.

d) Atenderá a criterios de idoneidad.

6. En relación con el personal eventual, es cierto que:

a) Será retribuido con cargo a los créditos presupuestarios consignados para el personal funcionario.

b) La condición de personal eventual constituirá mérito en la fase de concurso para el acceso a la Función Pública.

c) Su cese tendrá lugar, en todo caso, cuando se produzca el de la autoridad a la que se preste la función de confianza o asesoramiento.

d) La condición de personal eventual computará como mérito para la promoción interna.

7. Corresponden en exclusiva a los funcionarios públicos, en los términos que en la ley de desarrollo de cada Administración Pública se establezca, el ejercicio de funciones:

a) Directivas.

b) Que impliquen la participación directa o indirecta en el ejercicio de las potestades públicas.

c) Del ámbito militar, de la Justicia o de la Hacienda Pública.

d) Que impliquen la participación directa (no la indirecta), en la salvaguardia de los intereses generales del Estado.

8. Las leyes de Función Pública que se dicten en desarrollo del EBEP podrán prever el nombramiento de personal interino para la ejecución de programas de carácter temporal con una duración de hasta:

a) 2 años.

b) 3 años.

c) 4 años.

d) 5 años.

9. Completar la siguiente frase. Según el artículo 8 del Texto Refundido de la Ley del Estatuto Básico del Empleado Público, aprobado por el Real Decreto Legislativo 5/2015, de 30 de octubre, son empleados públicos quienes desempeñan funciones ………….. en las Administraciones Públicas al servicio de los intereses generales:

a) Directivas.
b) Exclusivas.
c) Administrativas.
d) Retribuidas.

10. Según el artículo 9.1 del EBEP, es una característica del funcionario de carrera el desempeño de servicios profesionales retribuidos de carácter:

a) Permanente.
b) Público.
c) Administrativo.
d) Autoritario.

11. El número de puestos cubiertos por personal eventual:

a) Es indefinido e ilimitado.
b) Está limitado por un máximo establecido por los respectivos órganos de gobierno.
c) Está limitado a tres por cada órgano superior de la Administración Pública.
d) No puede hacerse público, puesto que se trata de personal de confianza.

12. En relación al personal eventual, el EBEP dispone que:

a) El número máximo de este tipo de personal se establecerá por ley de las Cortes Generales o de las Asambleas legislativas de las Comunidades Autónomas.
b) El cese de este personal no va ligado, en ningún caso, al de la autoridad a la que se preste la función de confianza o asesoramiento.
c) La condición de personal eventual constituye mérito para el acceso a la Función Pública y para la promoción interna.
d) Este personal solo realiza funciones expresamente calificadas como de confianza o asesoramiento especial.

13. Los funcionarios interinos serán nombrados por razones expresamente justificadas de necesidad y:

a) Economía.
b) Eficacia.
c) Urgencia.
d) Calidad.

14. A tenor del artículo 14 del EBEP los empleados públicos tienen derecho:

a) A la inamovilidad en la condición de funcionario de carrera.
b) A la formación continua y a la actualización permanente de sus conocimientos y capacidades profesionales, preferentemente fuera del horario laboral.
c) A la libertad de expresión, sin restricción alguna.
d) A participar en la consecución de los objetivos atribuidos a la unidad donde preste sus servicios y a ser consultado por sus superiores por las tareas a desarrollar.

15. Conforme al EBEP, los funcionarios públicos tendrán un permiso por enfermedad grave de un familiar dentro del primer grado de consanguinidad o afinidad, de:

a) Dos días.
b) Tres días.
c) Cuatro días.
d) Cinco días.

16. Los funcionarios públicos tendrán un permiso por matrimonio de:

a) 10 días.
b) 15 días.
c) 20 días.
d) 30 días.

17. Tal y como señala el artículo 50 del EBEP, los funcionarios públicos tendrán derecho a disfrutar, durante cada año natural, de unas vacaciones retribuidas de:

a) 1 mes.
b) 30 días naturales.
c) 22 días hábiles.
d) 30 días hábiles.

18. Los Empleados Públicos:

a) Podrán voluntariamente acatar la Constitución y el resto de normas que integran el ordenamiento jurídico.
b) Podrán abstenerse en aquellos asuntos en los que tengan un interés personal.
c) Su actuación perseguirá la satisfacción de los intereses del Gobierno.
d) Guardarán secreto de las materias clasificadas.

19. El conjunto ordenado de oportunidades de ascenso y expectativas de progreso profesional conforme a los principios de igualdad, mérito y capacidad, se denomina:

a) Evaluación del desempeño.
b) Promoción profesional.
c) Promoción interna.
d) Carrera profesional.

20. Para tener derecho a la promoción interna, los funcionarios deberán tener una antigüedad de servicio activo en el inferior subgrupo o grupo de clasificación profesional, de al menos:

a) Dos años.
b) Tres años.
c) Cuatro años.
d) Cinco años.

21. Los empleados públicos tienen derecho a la progresión en la carrera profesional y promoción interna según principios constitucionales de igualdad, mérito y capacidad mediante la implantación de sistemas objetivos y transparentes de:

a) Control.
b) Evaluación.
c) Participación.
d) Provisión.

22. Los empleados públicos tienen derecho a la libertad de expresión:

a) En los términos que establezca una ley.
b) En los términos que se establezcan reglamentariamente.
c) A través de sus representantes sindicales.
d) Dentro de los límites del ordenamiento jurídico.

23. Las Administraciones Públicas podrán destinar cantidades hasta el porcentaje de la masa salarial que se fije en las correspondientes Leyes de Presupuestos Generales del Estado a financiar aportaciones a planes de pensiones de empleo o contratos de seguro colectivos; estas cantidades tendrán a todos los efectos la consideración de:

a) Retribución básica.
b) Retribución complementaria.
c) Indemnización.
d) Retribución diferida.

24. Las retribuciones de los funcionarios en prácticas:

a) Se corresponderán a las del sueldo del Subgrupo o Grupo, en el supuesto de que este no tenga Subgrupo, en que aspiren a ingresar.
b) No podrán superar las del sueldo del Subgrupo o Grupo, en el supuesto de que este no tenga Subgrupo, en que aspiren a ingresar.
c) Se determinarán de acuerdo con la legislación laboral, el convenio colectivo que sea aplicable y el contrato de trabajo.
d) Como mínimo, se corresponderán a las del sueldo del Subgrupo o Grupo, en el supuesto de que este no tenga Subgrupo, en que aspiren a ingresar.

25. ¿Podrá percibirse participación en tributos o en cualquier otro ingreso de las Administraciones Públicas como contraprestación de cualquier servicio, participación o premio en multas impuestas?

a) No, en ningún caso.
b) Sí, en cualquier caso.
c) No, excepto cuando estuviesen normativamente atribuidas a los servicios.
d) Sí, excepto cuando estuviesen normativamente atribuidas a los servicios.

26. La renuncia voluntaria a la condición de funcionario:

a) Inhabilita para ingresar de nuevo en la Administración Pública.
b) No requiere aceptación expresa por la Administración.
c) Será aceptada expresamente cuando el funcionario esté sujeto a expediente disciplinario o haya sido dictado en su contra auto de procesamiento o de apertura de juicio oral por la comisión de algún delito.
d) Debe ser manifestada por escrito.

27. ¿Pueden los órganos de gobierno de las Administraciones Públicas conceder la rehabilitación de quien hubiera perdido la condición de funcionario por haber sido condenado a la pena principal o accesoria de inhabilitación?

a) No, en ningún caso.
b) Excepcionalmente, atendiendo a las circunstancias y entidad del delito cometido.
c) Solo cuando se trate de una inhabilitación provisional.
d) Sí, cuando la inhabilitación se tratara de una pena accesoria.

28. El funcionario que haya perdido su condición por cambio de nacionalidad, si recupera la nacionalidad:

a) Volverá automáticamente al puesto de trabajo que ocupaba.
b) No podrá volver a ejercer como funcionario.
c) Podrá solicitar la rehabilitación.
d) Podrá acceder a la función pública superando un nuevo proceso selectivo.

29. La pena principal o accesoria, a un funcionario público, de inhabilitación absoluta cuando hubiere adquirido firmeza la sentencia que la imponga, produce:

a) La suspensión de todas sus funciones públicas.
b) La pérdida de la condición de funcionario respecto a todos los empleos o cargos que tuviere.
c) La pérdida de la condición de funcionario respecto a todos los empleos o cargos que tuviere, excepto los cargos electivos.
d) La excedencia forzosa.

30. ¿Supone la superación de las pruebas selectivas, por sí misma, la adquisición de la condición de funcionario de carrera?

a) No.
b) Sí, si así lo prevé la propia convocatoria.
c) Sí, si la lista definitiva de aprobados ha sido publicada en el correspondiente Diario Oficial.
d) Sí, si se trata del sistema de oposición.

31. Cuando adquieran la condición de funcionarios al servicio de organizaciones internacionales, los funcionarios de carrera serán declarados en situación de:

a) Excedencia.
b) Servicios especiales.
c) Servicio en otras Administraciones Públicas.
d) Servicio activo.

32. En relación con la excedencia voluntaria por razones de interés particular, de los funcionarios de carrera, es cierto que:

a) Les será computable el tiempo que permanezcan en tal situación a efectos de derechos en el régimen de Seguridad Social que les sea de aplicación.
b) Podrá declararse cuando al funcionario público se le instruya expediente disciplinario.
c) La concesión de excedencia voluntaria por interés particular quedará subordinada a las necesidades del servicio debidamente motivadas.
d) Su duración no podrá ser superior a tres años.

33. Quienes se encuentren en situación de servicios especiales:

a) Percibirán las retribuciones que les correspondan como funcionarios de carrera.
b) Tendrán derecho a reingresar al servicio activo en el mismo puesto que ocupaban en el momento del nombramiento que originó el pase a la situación de servicios especiales.
c) El tiempo que permanezcan en tal situación se les computará a efectos de ascensos, reconocimiento de trienios, promoción interna y derechos en el régimen de Seguridad Social que les sea de aplicación.
d) No podrán percibir los trienios que tuvieran reconocidos antes de pasar a la situación de servicios especiales.

34. Según el artículo 97 del EBEP, las sanciones impuestas por faltas leves prescribirán:

a) A los 6 meses.
b) Al año.
c) A los 2 años.
d) A los 3 años.

35. Según el artículo 98 del EBEP, el procedimiento disciplinario que se establezca en el desarrollo del Estatuto se estructurará atendiendo a los principios de eficacia, celeridad y:

a) Transparencia.
b) Presunción de inocencia.
c) Legalidad.
d) Economía procesal.

Solución al test n.º 8

1. a) A los intereses generales.

2. c) El personal estatutario de los servicios de salud.

3. d) Para todo el personal de las Administraciones Públicas no incluido en su ámbito de aplicación.

4. c) Aquello que es común al conjunto de los funcionarios de todas las Administraciones Públicas, más las normas legales específicas aplicables al personal laboral a su servicio.

5. c) Supone la adquisición de la condición de personal eventual.

6. c) Su cese tendrá lugar, en todo caso, cuando se produzca el de la autoridad a la que se preste la función de confianza o asesoramiento.

7. b) Que impliquen la participación directa o indirecta en el ejercicio de las potestades públicas.

8. c) 4 años.

9. d) Retribuidas.

10. a) Permanente.

11. b) Está limitado por un máximo establecido por los respectivos órganos de gobierno.

12. d) Este personal solo realiza funciones expresamente calificadas como de confianza o asesoramiento especial.

13. c) Urgencia.

14. a) A la inamovilidad en la condición de funcionario de carrera.

15. d) Cinco días.

16. b) 15 días.

17. c) 22 días hábiles.

18. d) Guardarán secreto de las materias clasificadas.

19. d) Carrera profesional.

20. a) Dos años.

21. b) Evaluación.

22. d) Dentro de los límites del ordenamiento jurídico.

23. d) Retribución diferida.

24. d) Como mínimo, se corresponderán a las del sueldo del Subgrupo o Grupo, en el supuesto de que este no tenga Subgrupo, en que aspiren a ingresar.

25. a) No, en ningún caso.

26. d) Debe ser manifestada por escrito.

27. b) Excepcionalmente, atendiendo a las circunstancias y entidad del delito cometido.

28. c) Podrá solicitar la rehabilitación.

29. b) La pérdida de la condición de funcionario respecto a todos los empleos o cargos que tuviere.

30. a) No.

31. b) Servicios especiales.

32. c) La concesión de excedencia voluntaria por interés particular quedará subordinada a las necesidades del servicio debidamente motivadas.

33. c) El tiempo que permanezcan en tal situación se les computará a efectos de ascensos, reconocimiento de trienios, promoción interna y derechos en el régimen de Seguridad Social que les sea de aplicación.

34. b) Al año.

35. d) Economía procesal.

Ley Orgánica 3/2018, de 5 de diciembre, de Protección de Datos Personales y garantía de los derechos digitales: Disposiciones generales, principios de protección de datos y derechos de las personas

1. Es correcto, conforme a la disposición adicional 3ª de la LO 3/2018, que:

a) Cuando los plazos se señalen por días, se entiende que estos son naturales.

b) Si el plazo se fija en semanas, concluirá el día anterior al día de la semana en que se produjo el hecho que determina su iniciación en la semana de vencimiento.

c) Si el plazo se fija en años, concluirá el mismo día en que se produjo el hecho que determina su iniciación en el año de vencimiento.

d) Cuando el último día del plazo sea inhábil, se entenderá adelantado al último día hábil anterior.

2. Qué título de la LO 3/2018, de 5 de diciembre, de Protección de Datos Personales y garantía de los derechos digitales, se refiere a los principios de la protección de datos:

a) Título I.

b) Título II.

c) Título III.

d) Título IV.

3. Según el artículo 3 de la LO 3/2018, los requisitos y condiciones para acreditar la validez y vigencia de los mandatos e instrucciones de las personas fallecidas respecto al acceso a los datos personales de éstas por parte de las personas o instituciones que designaran expresamente, serán establecidos:

a) Por medio de una Directiva europea.

b) Por Ley estatal.

c) Por Ley autonómica.

d) Por Real Decreto.

4. El artículo 4 de la LO 3/2018 señala que, conforme al artículo 5.1.d) del Reglamento (UE) 2016/679, los datos serán exactos y, si fuere necesario:

a) Actualizados.
b) Aproximados.
c) Normalizados.
d) Digitalizados.

5. Conforme al artículo 5.1 de la LO 3/2018, estarán sujetas al deber de confidencialidad:

a) Únicamente los responsables del tratamiento.
b) Los responsables y encargados del tratamiento.
c) Los responsables y encargados del tratamiento de datos así como todas las personas que intervengan en cualquier fase de este.
d) Los responsables y encargados del tratamiento de datos así como todas las personas que intervengan en todas las fases de este.

6. Conforme a los artículos 4.11 del RGPD y 6.1 de la LO 3/2018, se entiende por _consentimiento del afectado_ la aceptación, ya sea mediante una declaración o una clara acción afirmativa, del tratamiento de datos personales que le conciernen manifestada por voluntad libre, de forma específica, informada e/y:

a) Detallada.
b) Unitaria.
c) Inequívoca.
d) Por escrito.

7. Cuando se pretenda fundar el tratamiento de los datos en el consentimiento del afectado para una pluralidad de finalidades:

a) Será preciso que conste de manera específica e inequívoca que dicho consentimiento se otorga para todas ellas.
b) Será necesario demostrar que el afectado consintió expresamente e inequívocamente en alguna de las finalidades y, que el resto de finalidades están claramente relacionadas con aquella.
c) El responsable debe demostrar la adecuación de las distintas finalidades a un único objeto.
d) El consentimiento del afectado sólo puede afectar a una finalidad. Cada finalidad precisa un consentimiento propio e independiente.

8. Conforme al principio de limitación de la finalidad, los datos personales serán recogidos con fines determinados, explícitos y:

a) Limitados.
b) Transparentes.

c) Compatibles.
d) Legítimos.

9. Según el artículo 8.1 de la LO 3/2018, el tratamiento de datos personales solo podrá considerarse fundado en el cumplimiento de una obligación legal exigible al responsable:

a) Cuando así lo prevea una norma de Derecho de la Unión Europea o una norma con rango de ley.
b) Cuando el tratamiento se considere una misión realizada en interés público.
c) Cuando se trate del ejercicio de poderes públicos conferidos al responsable.
d) Cuando el responsable sea un órgano u organismo público.

10. Conforme al artículo 9 de la *LO 3/2018, de 5 de diciembre, de Protección de Datos Personales y garantía de los derechos digitales*, cuál de los siguientes tratamientos de categorías especiales de datos fundados en el Derecho español deberá estar amparado en una norma con rango de ley:

a) Tratamiento necesario con fines de archivo en interés público, fines de investigación científica o histórica.
b) Tratamiento efectuado, en el ámbito de sus actividades legítimas y con las debidas garantías, por una fundación, una asociación o cualquier otro organismo sin ánimo de lucro, cuya finalidad sea política, filosófica, religiosa o sindical, siempre que el tratamiento se refiera exclusivamente a los miembros actuales o antiguos de tales organismos o a personas que mantengan contactos regulares con ellos en relación con sus fines y siempre que los datos personales no se comuniquen fuera de ellos sin el consentimiento de los interesados.
c) Tratamiento necesario para fines de medicina preventiva o laboral, evaluación de la capacidad laboral del trabajador, diagnóstico médico, prestación de asistencia o tratamiento de tipo sanitario o social, o gestión de los sistemas y servicios de asistencia sanitaria y social.
d) Tratamiento referido a datos personales que el interesado ha hecho manifiestamente públicos.

11. Uno de los objetos de la Ley Orgánica 3/2018, de 5 de diciembre, de Protección de Datos Personales y garantía de los derechos digitales, es:

a) Adaptar el ordenamiento jurídico español al Reglamento General de Protección de Datos y completar sus disposiciones.
b) Establecer las normas relativas a la protección de las personas físicas en lo que respecta al tratamiento de los datos personales y las normas relativas a la libre circulación de tales datos.
c) Adaptar el Reglamento General de Protección de Datos al ordenamiento jurídico español y completar sus disposiciones.
d) Garantizar la seguridad de la transferencia de datos entre países de la Unión Europea.

12. La LO 3/2018, de 5 de diciembre, de Protección de Datos Personales y garantía de los derechos digitales, tiene por objeto garantizar los derechos digitales de la ciudadanía conforme al mandato del artículo de la Constitución:

a) 9.2.
b) 10.1.
c) 18.4.
d) 20.4.

13. Señalar la opción incorrecta. Conforme al artículo 11.3 de la LO 3/2018, la información básica que el responsable del tratamiento ha de facilitar al afectado, cuando los datos personales se hayan obtenido de éste, debe contener obligatoriamente:

a) La finalidad del tratamiento.
b) La identidad del responsable del tratamiento y de su representante, en su caso.
c) La posibilidad de ejercer los derechos establecidos en los artículos 15 a 22 del RGPD.
d) Las categorías de datos objeto de tratamiento.

14. Según el artículo 7.1 de la LO 3/2018, el tratamiento de los datos personales de un menor de edad únicamente podrá fundarse en su consentimiento cuando sea mayor de:

a) 12 años.
b) 13 años.
c) 14 años.
d) 16 años.

15. El derecho a la portabilidad de los datos:

a) Se podrá aplicar a los tratamientos que sean necesario para el cumplimiento de una misión realizada en interés público o en el ejercicio de poderes públicos conferidos al responsable del tratamiento.
b) A diferencia de otros derechos, podrá afectar negativamente a los derechos y libertades de otros.
c) Supone la obligación de que, en todo caso, los datos personales se transmitan directamente de responsable a responsable.
d) Requiere que el tratamiento se efectúe por medios automatizados.

16. Conforme al artículo 12 de la LO 3/2018, los derechos reconocidos en los artículos 15 a 22 del RGPD:

a) Sólo podrán ser ejercidos directamente por el afectado.
b) Deberán ejercerse bien directamente por el afectado o por representante legal.
c) Deberán ejercerse bien directamente por el afectado o por representante voluntario.
d) Podrán ejercerse directamente o por medio de representante legal o voluntario.

17. Según el artículo 12.4 de la LO 3/2018, la prueba del cumplimiento del deber de responder a la solicitud de ejercicio de sus derechos formulado por el afectado recaerá:

a) Sobre el responsable del tratamiento.
b) Sobre el encargado del tratamiento.
c) Bien sobre el responsable o bien sobre el encargado.
d) Sobre el representante legal del afectado.

18. En virtud del artículo 12 de la LO 3/2018 es cierto, en relación a los medios para que el afectado pueda ejercer sus derechos, que:

a) El encargado del tratamiento estará obligado a informar al afectado sobre los medios a su disposición para ejercer los derechos que le corresponden.
b) Los medios deberán ser consensuados con los afectados antes de poner en marcha el tratamiento.
c) Los medios deberán ser fácilmente accesibles para el afectado.
d) El ejercicio del derecho podrá ser denegado cuando el afectado opte por otro medio.

19. Señalar la opción incorrecta. El artículo 15 del RGPD dispone que el interesado tendrá derecho a obtener del responsable del tratamiento confirmación de si se están tratando o no datos personales que le conciernen y, en tal caso, derecho de acceso a los datos personales y a información sobre la existencia de decisiones automatizadas, incluida la elaboración de perfiles, y, al menos en tales casos, información significativa sobre:

a) Los demás interesados afectados por las decisiones.
b) La lógica aplicada.
c) La importancia del tratamiento.
d) Las consecuencias previstas de dicho tratamiento.

20. Conforme al artículo 16 del RGPD, teniendo en cuenta los fines del tratamiento, el interesado tendrá derecho a que se completen los datos personales que sean incompletos, inclusive mediante:

a) Levantamiento de acta.
b) Certificación de modificación.
c) Una declaración adicional.
d) Elaboración de anexos.

21. Conforme al artículo 17 del RGPD, el derecho de supresión no se podrá aplicar cuando:

a) El interesado retire el consentimiento en que se basa el tratamiento, y este no se base en otro fundamento jurídico.
b) El tratamiento sea necesario para la formulación, el ejercicio o la defensa de reclamaciones.

c) El interesado se oponga al tratamiento y no prevalezcan otros motivos legítimos para el tratamiento.

d) El interesado se oponga al tratamiento cuando el tratamiento de datos personales tenga por objeto la mercadotecnia directa.

22. Conforme al artículo 18 del RGPD, el interesado tendrá derecho a obtener del responsable del tratamiento la limitación del tratamiento de los datos:

a) Cuando los datos personales ya no sean necesarios en relación con los fines para los que fueron recogidos o tratados de otro modo.

b) Para que el interesado pueda ejercer el derecho a la libertad de expresión e información.

c) Cuando el interesado impugne la exactitud de los datos personales, durante un plazo que permita al responsable verificar la exactitud de los mismos.

d) Por razones de interés público en el ámbito de la salud pública.

23. Cuando los datos personales no sean obtenidos del afectado, en la información básica que se le facilite deberá constar:

a) La autorización judicial para el tratamiento de los datos.

b) Una declaración jurada del responsable del tratamiento.

c) Las fuentes de las que proceden los datos.

d) La identidad del encargado del tratamiento, si es un ente sin personalidad jurídica.

24. El tratamiento de datos personales relativos a condenas e infracciones penales, solo podrá llevarse a cabo cuando se encuentre amparado, de entre los siguientes, en:

a) Una norma de Derecho de la Unión Europea.

b) Un Decreto.

c) Una norma con rango reglamentario.

d) El Código Penal.

25. Según la Ley Orgánica 3/2018 de Protección de Datos Personales y garantía de los derechos digitales, se podrá considerar repetitivo el derecho del ejercicio de acceso en más de una ocasión durante el plazo de:

a) 6 meses.

b) 1 mes.

c) 3 meses.

d) 12 meses.

Solución al test n.º 9

1. c) Si el plazo se fija en años, concluirá el mismo día en que se produjo el hecho que determina su iniciación en el año de vencimiento.

2. b) Título II.

3. d) Por Real Decreto.

4. a) Actualizados.

5. c) Los responsables y encargados del tratamiento de datos así como todas las personas que intervengan en cualquier fase de este.

6. c) Inequívoca.

7. a) Será preciso que conste de manera específica e inequívoca que dicho consentimiento se otorga para todas ellas.

8. d) Legítimos.

9. a) Cuando así lo prevea una norma de Derecho de la Unión Europea o una norma con rango de ley.

10. c) Tratamiento necesario para fines de medicina preventiva o laboral, evaluación de la capacidad laboral del trabajador, diagnóstico médico, prestación de asistencia o tratamiento de tipo sanitario o social, o gestión de los sistemas y servicios de asistencia sanitaria y social.

11. a) Adaptar el ordenamiento jurídico español al Reglamento General de Protección de Datos y completar sus disposiciones.

12. c) 18.4.

13. d) Las categorías de datos objeto de tratamiento.

14. c) 14 años.

15. d) Requiere que el tratamiento se efectúe por medios automatizados.

16. d) Podrán ejercerse directamente o por medio de representante legal o voluntario.

17. a) Sobre el responsable del tratamiento.

18. c) Los medios deberán ser fácilmente accesibles para el afectado.

19. a) Los demás interesados afectados por las decisiones.

20. c) Una declaración adicional.

21. b) El tratamiento sea necesario para la formulación, el ejercicio o la defensa de reclamaciones.

22. c) Cuando el interesado impugne la exactitud de los datos personales, durante un plazo que permita al responsable verificar la exactitud de los mismos.

23. c) Las fuentes de las que proceden los datos.

24. a) Una norma de Derecho de la Unión Europea.

25. a) 6 meses.

TEST PARTE ESPECÍFICA

TEST N.º 1

Manipulación de alimentos. Requisitos de los manipuladores de alimentos. Buenas prácticas de manipulación. Prácticas correctas de higiene. Formación continuada de los manipuladores

1. Todo manipulador de alimentos debe respetar las siguientes normas de higiene:

a) Lavado de manos con agua caliente y jabón.
b) Fumar, toser o estornudar sobre el alimento.
c) Usar mascarilla exclusivamente para la manipulación de productos que se consumirán en crudo.
d) Todas son correctas.

2. ¿Qué hará el manipulador de alimentos si está afectado por un proceso diarreico?

a) No presentarse a trabajar.
b) No realizará ningún tipo de trabajo de manipulación, independientemente de la gravedad de la infección.
c) Informará con la finalidad de que se valore la necesidad de someterse a examen médico, y, en caso necesario, su exclusión temporal de la manipulación de productos alimenticios.
d) Continuará con su tarea normal, ya que no influye en su trabajo.

3. ¿Quién impartirá la formación a los manipuladores de alimentos?

a) La propia empresa o una entidad autorizada por la autoridad sanitaria competente.
b) La propia empresa siempre.
c) La autoridad competente.
d) Una empresa auditora.

4. Garantizarán que los manipuladores de alimentos dispongan de una formación adecuada en higiene de los alimentos de acuerdo con su actividad laboral:

a) Las empresas del sector alimentario.
b) La Comunidad Autónoma respectiva.
c) La autoridad sanitaria competente.
d) Las opciones a) y b) son correctas.

5. Señala cuál de las siguientes actividades puede realizar el manipulador de alimentos durante el ejercicio de la actividad:

a) Fumar.
b) Masticar chicle.
c) Comer en el puesto de trabajo.
d) Ninguna de las opciones anteriores es correcta.

6. ¿Cuál es la definición correcta de Higiene Alimentaria, según la Organización Mundial de la Salud?

a) El conjunto de medidas necesarias para asegurar la salubridad de un producto.
b) El conjunto de medidas necesarias para asegurar la inocuidad de un producto.
c) El conjunto de medidas necesarias para asegurar el buen estado de los productos.
d) El conjunto de medidas necesarias para asegurar la salubridad, inocuidad y buen estado de los productos destinados a la alimentación, en todas las etapas de su preparación.

7. ¿En qué etapa del proceso hay riesgo de contaminación del alimento?

a) En la cocción.
b) En el envasado.
c) En la preparación en crudo.
d) En todas las etapas.

8. ¿Qué objetivos tiene la formación de los manipuladores de alimentos?

a) Actualizar los cambios normativos y tecnológicos.
b) Mejorar los hábitos de los manipuladores y promover las prácticas correctas.
c) Responder a las exigencias de la normativa vigente.
d) Todas las respuestas son correctas.

9. Según el Reglamento (CE) 852/2004 del Parlamento Europeo y del Consejo, de 29 de abril, los operadores de empresa alimentaria deberán garantizar:

a) La supervisión, instrucción y formación de los manipuladores de alimentos en cuestiones de higiene alimentaria.
b) La vigencia de la normativa en materia de higiene alimentaria.
c) La formación de los inspectores de la autoridad competente en materia de higiene alimentaria.
d) Todas las respuestas son falsas.

10. ¿Qué obligación tiene la empresa alimentaria con la autoridad competente?

a) Deberá cooperar y notificar todos los establecimientos que estén bajo su control con el fin de proceder a su registro.
b) Enviará informe diario pormenorizado sobre la actividad de la empresa.

c) Registrará la contabilidad mensual.

d) La normativa vigente no establece obligaciones con la autoridad competente.

11. ¿Qué finalidad tiene el Catálogo Nacional de Cualificaciones Profesionales?

a) Establecer la norma que regula cada una de las profesiones.

b) Definir los contenidos de las diferentes titulaciones universitarias.

c) Ordena las cualificaciones profesionales susceptibles de reconocimiento y acreditación, identificadas en el sistema productivo en función de las competencias apropiadas para el ejercicio profesional.

d) Dividir las profesiones en grupos familiares y módulos en función de los niveles salariales.

12. ¿Cómo se acredita la realización de actividades formativas?

a) Mediante la concesión de un boletín informativo.

b) A través de la expedición de certificado individual.

c) Realizando exámenes periódicos que demuestren que se mantienen actualizados los conocimientos adquiridos.

d) La formación continuada no se acredita.

13. ¿Para qué se realizan los exámenes médicos?

a) Para determinar el estado de salud de un individuo.

b) Para prevenir la transmisión de enfermedades.

c) Para identificar individuos enfermos, pero no portadores sanos.

d) Ninguna respuesta es correcta.

14. ¿Qué norma regula determinados requisitos en materia de higiene de la producción y comercialización de los productos alimenticios en establecimientos de comercio al por menor?

a) El Reglamento 852/2004 del Parlamento Europeo y del Consejo, de 29 de abril, relativo a la higiene de los productos alimenticios.

b) La Ley 17/2009, de 23 de noviembre.

c) El Real Decreto 202/2000, de 11 de febrero, por el que se establecen las normas relativas a los manipuladores de alimentos.

d) Real Decreto 1021/2022, de 13 de diciembre.

15. ¿Qué obligación tiene el manipulador de alimentos respecto a su indumentaria?

a) Ropa e indumentaria preferentemente de color claro.

b) Calzado impermeable.

c) Cubrecabezas y/o redecilla en su caso.

d) Todo ello, que además será debe ser exclusivo para su puesto de trabajo.

16. ¿En qué fase del proceso de manipulación de alimentos está prohibido mascar chicle?

a) Durante el envasado o emplatado.
b) Cuando el alimento va a ser consumido en crudo, sin cocción previa.
c) Está prohibido en todas las fases del proceso.
d) Está prohibido comer, no masticar chicle.

17. ¿Cuál es la normativa vigente en materia de formación de manipuladores de alimentos?

a) Real Decreto 202/2000, de 11 de febrero.
b) Reglamento (CE) n. º 852/2004 del Parlamento Europeo y del Consejo, de 29 de abril.
c) Real Decreto 109/2010, de 5 de febrero.
d) Ley 17/2009, de 23 de noviembre.

18. ¿Qué es un portador sano?

a) Persona que sin presentar síntomas de enfermedad, puede transmitir gérmenes a los alimentos y causar daños en otras personas.
b) Persona con alguna patología que trabaja de pinche de cocina.
c) Persona que presenta síntomas de enfermedad, puede transmitir gérmenes a los alimentos y causar daños en otras personas.
d) Persona ajena a la cocina que es portadora de bacterias.

19. ¿Qué es el sistema APPCC?

a) Un instrumento para ayudar a logra niveles elevados de seguridad alimentaria.
b) Un sistema de control de personal.
c) Un método para definir los procesos de producción.
d) Una guía de buenas prácticas.

20. ¿Qué objetivo tienen las auditorías, según la Ley de seguridad alimentaria y nutrición?

a) Asegurarse de que se cumplen los objetivos previstos en el Plan Nacional de Control Oficial de la Cadena Alimentaria.
b) Verificar si se aplican de forma efectiva y adecuada los controles oficiales sobre el cumplimiento de planes de control y la formación del personal, entre otros.
c) Las opciones a) y b) son correctas.
d) Todas las respuestas son falsas.

21. Según las Reglas de Oro para la preparación de alimentos sanos propuestas por la OMS:

a) No se recomienda el consumo de alimentos que son sometidos a tratamientos antes de su comercialización para que resulten más seguros desde el punto de vista sanitario.
b) Es conveniente mantener los alimentos tras la cocción entre los 20 ºC y los 40 ºC.

c) Se debe evitar el contacto entre los alimentos crudos y los cocinados.

d) El agua utilizada para beber debe ser potable y apta para el consumo humano, pero no necesariamente la que se emplea para la preparación de alimentos.

22. ¿A qué temperatura se deben mantener los alimentos cocinados hasta su consumo, si no se van a refrigerar o congelar?

a) A una temperatura superior o igual a 33 °C hasta el momento de su consumo.

b) A una temperatura superior o igual a 43 °C hasta el momento de su consumo.

c) A una temperatura superior o igual a 53 °C hasta el momento de su consumo.

d) A una temperatura superior o igual a 63 °C hasta el momento de su consumo.

23. La formación de los manipuladores de alimentos la podrá impartir:

a) La propia empresa alimentaria.

b) Otras entidades que ofrezcan este servicio.

c) Centros de formación profesional o educación reconocidos por los organismos oficiales dentro de su formación reglada.

d) Todas son correctas.

24. Cuando se describe la vida del producto y los procedimientos utilizados, ¿de qué tipo de trazabilidad hablamos?

a) Trazabilidad hacia atrás.

b) Trazabilidad de proceso.

c) Trazabilidad hacia delante.

d) Todas las respuestas son correctas.

25. Si el manipulador de alimentos se forma o instruye por su cuenta, acudiendo a entidades o a través de sus propios medios:

a) La empresa tendrá que valorar si la formación de manipulador es adecuada al puesto de trabajo a desempeñar.

b) La empresa no tiene que comprobar los conocimientos.

c) La empresa sólo comprobará autorización por parte de la Administración a dicha empresa para la formación.

d) Tiene que entregar a la empresa el documento normalizado.

Solución al test n.º 1

1. a) Lavado de manos con agua caliente y jabón.

2. c) Informará con la finalidad de que se valore la necesidad de someterse a examen médico, y, en caso necesario, su exclusión temporal de la manipulación de productos alimenticios.

3. a) La propia empresa o una entidad autorizada por la autoridad sanitaria competente.

4. a) Las empresas del sector alimentario.

5. d) Ninguna de las opciones anteriores es correcta.

6. d) El conjunto de medidas necesarias para asegurar la salubridad, inocuidad y buen estado de los productos destinados a la alimentación, en todas las etapas de su preparación.

7. d) En todas las etapas.

8. d) Todas las respuestas son correctas.

9. a) La supervisión, instrucción y formación de los manipuladores de alimentos en cuestiones de higiene alimentaria.

10. a) Deberá cooperar y notificar todos los establecimientos que estén bajo su control con el fin de proceder a su registro.

11. c) Ordena las cualificaciones profesionales susceptibles de reconocimiento y acreditación, identificadas en el sistema productivo en función de las competencias apropiadas para el ejercicio profesional.

12. b) A través de la expedición de certificado individual.

13. a) Para determinar el estado de salud de un individuo.

14. d) Real Decreto 1021/2022, de 13 de diciembre.

15. d) Todo ello, que además será debe ser exclusivo para su puesto de trabajo.

16. c) Está prohibido en todas las fases del proceso.

17. b) Reglamento (CE) nº 852/2004 del Parlamento Europeo y del Consejo, de 29 de abril.

18. a) Persona que sin presentar síntomas de enfermedad, puede transmitir gérmenes a los alimentos y causar daños en otras personas.

19. a) Un instrumento para ayudar a logra niveles elevados de seguridad alimentaria.

20. c) Las opciones a) y b) son correctas.

21. c) Se debe evitar el contacto entre los alimentos crudos y los cocinados.

22. d) A una temperatura superior o igual a 63 °C hasta el momento de su consumo.

23. d) Todas son correctas.

24. b) Trazabilidad de proceso.

25. a) La empresa tendrá que valorar si la formación de manipulador es adecuada al puesto de trabajo a desempeñar.

TEST N.º 2

Reglamentación de higiene y seguridad alimentaria de los alimentos o productos alimenticios: Real Decreto 1086/2020, del 9 de diciembre, por el que se regulan y flexibilizan determinadas condiciones de aplicación de las disposiciones de la Unión Europea en materia de higiene de la producción y comercialización de los productos alimenticios y se regulan actividades excluidas de su ámbito de aplicación. Artículo 30: comidas testigo en establecimientos de comidas preparadas sujetos a inscripción en el Registro General Sanitario de Empresas Alimentarias y Alimentos

1. ¿Por qué reglamento se crea la Autoridad Europea de Seguridad Alimentaria?

a) 178/2002 del Parlamento Europeo y del Consejo, de 28 de enero de 2002.
b) 1086/2020, del 9 de diciembre.
c) 3484/2000, de 29 de diciembre.
d) 852/2004 del Parlamento Europeo y del Consejo de 29 de abril de 2004.

2. ¿Qué norma no forma parte del "paquete de higiene"?

a) Reglamento (CE) n.º 852/2004.
b) Resolución de 15 de diciembre de 2023.
c) Reglamento (CE) n.º 853/2004.
d) Reglamento (UE) 2017/625.

3. ¿Cuál es el Reglamento de la Unión Europea relativo a la higiene de los productos alimenticios?

a) Reglamento (CE) nº 2073/2005.
b) Reglamento (CE) n.º 853/2004.
c) Reglamento (CE) n.º 852/2004.
d) Reglamento (UE) 2017/625.

4. Indica la respuesta correcta: el Reglamento (CE) n.º 178/2002 del Parlamento Europeo y del Consejo, de 28 de enero de 2002, por el que:

a) Se establecen los principios y los requisitos generales de la legislación alimentaria.
b) Se crea la Autoridad Europea de Seguridad Alimentaria.
c) Se fijan procedimientos relativos a la seguridad alimentaria.
d) Todas las respuestas son correctas.

5. ¿Qué Real Decreto deroga el Real Decreto 640/2006, de 26 de mayo?

a) Real Decreto 1086/2020, de 9 de diciembre.
b) Real Decreto 178/2002, de 28 de enero.
c) Real Decreto 2073/2005, de 15 de noviembre.
d) Ninguna respuesta es correcta. Ese Real Decreto sigue vigente.

6. ¿En qué norma se regulan y flexibilizan determinadas condiciones de aplicación de las disposiciones de la Unión Europea en materia de higiene de la producción y comercialización de los productos alimenticios y se regulan actividades excluidas de su ámbito de aplicación?

a) Real Decreto 178/2002, de 28 de enero.
b) Real Decreto 1086/2020, de 9 de diciembre.
c) Real Decreto 481/2014, de 16 de noviembre.
d) Real Decreto 1083/2021, de 9 de diciembre.

7. ¿Qué factores hacen necesaria la actualización y flexibilización de la normativa alimentaria?

a) La experiencia adquirida en el tiempo.
b) Los avances científicos y tecnológicos.
c) La demanda cambiante de la sociedad.
d) Todas las respuestas son correctas.

8. ¿Es posible que la normativa flexibilice determinados requisitos para que se pueda seguir utilizando métodos tradicionales en la producción?

a) Si, pero siempre bajo multa si se decide aplicar.
b) Si, lo permiten los reglamentos del paquete de higiene.
c) No, salvo que se trate de productos con denominación de origen.
d) No, nunca.

9. ¿Se puede flexibilizar la normativa de higiene alimentaria para responder a las necesidades de las empresas situadas en regiones con condicionantes geográficos particulares?

a) Sí, para favorecer el comercio de proximidad, siempre que se mantengan las condiciones de higiene necesarias para lograr los objetivos marcados por la normativa.
b) Sí, siempre que esto no suponga un beneficio económico para la empresa.

c) Sí, siempre que se trate de empresas localizadas fuera de la Unión Europea.
d) No, nunca.

10. ¿Cuál de los siguientes no es un objetivo del Real Decreto 1086/2020?

a) Fomentar el consumo de alimentos de otros países.
b) Promover la alimentación saludable.
c) Prevenir la obesidad.
d) Fomentar la actividad física.

11. ¿Qué establece el Real Decreto 1086/2020 sobre determinados productos tradicionales elaborados en regiones geográficas especiales, situadas en lugares alejados y con dificultades en las comunicaciones?

a) Abarata el coste de la materia prima.
b) Simplifica los procedimientos de comunicación.
c) Elimina los costes de aduana.
d) Eleva el precio de venta.

12. ¿Qué excepciones se aplican a los pequeños mataderos?

a) Deben efectuar el sacrificio de forma inmediata tras la llegada del animal al matadero.
b) Deben disponer de establos o corrales de espera.
c) Podrán aislar animales enfermos sin necesidad de tener instalaciones independientes con cerradura.
d) Contarán con instalaciones con cerradura para el almacenamiento frigorífico de carne retenida, para mantenerla separada del resto de la carne.

13. ¿El pequeño matadero tiene obligación de disponer de un lugar de almacenamiento de estiércol?

a) Sí.
b) No es necesario en caso de que no realicen la recogida y eliminación inmediatamente después del sacrificio.
c) No es necesario si no disponen de corrales y no realizan el vaciado y lavado de tripas.
d) No es necesario en ningún caso.

14. ¿En qué caso se pueden utilizar mesas con tablero de madera para manipular alimentos?

a) En las cocinas de colectividades, siempre que la madera sea de haya, roble o pino rojo.
b) En los tajos de corte para el despiece de la carne, siempre que sean de maderas tratadas, resistentes y se encuentren en perfecto estado de mantenimiento y limpieza.
c) En cualquier utensilio siempre que la madera esté tratada con tapa poros.
d) Nunca.

15. ¿Qué condición deben cumplir los alimentos tradicionales secados al aire libre?

a) Actividad de agua inferior a 0,70.
b) Actividad de agua superior a 0,70.
c) Actividad de agua superior a 0,70, siempre que el operador demuestre que el proceso productivo logra un efecto equivalente mediante el empleo de una combinación de factores de conservación.
d) Son correctas las respuestas a) y c).

16. ¿Qué alimento de origen animal se puede secar al aire?

a) Uvas pasas.
b) Pimientos.
c) Pescado seco.
d) Melocotones secos.

17. ¿Qué medidas de flexibilización establece el Real Decreto 1086/2020 respecto del sacrificio de animales?

a) Se permite el sacrificio de aves de corral y caza de granja fuera del matadero sin control por la autoridad ni requisito alguno.
b) Se permite el sacrificio de aves de corral y caza de granja fuera del matadero, siempre que se cumplan determinados requisitos.
c) Se permite el sacrificio de rumiantes jóvenes siempre que se realice después el escaldado de las vísceras.
d) Esta norma no establece medidas de flexibilización sobre el sacrificio animal para consumo humano.

18. ¿Qué medidas de flexibilización establece el Real Decreto 1086/2020 respecto de la carne de cerdos domésticos?

a) Se harán análisis de detección de triquina antes del sacrificio del cerdo.
b) Se elimina la obligación de hacer análisis de detección de triquina tras el sacrificio del cerdo.
c) Se permite el corte de las canales de cerdos domésticos antes de conocer los resultados del análisis de detección de triquina.
d) Ninguna respuesta es correcta.

19. ¿Qué medidas de flexibilización establece el Real Decreto 1086/2020 respecto al transporte de la carne?

a) Se establecen criterios más flexibles en cuanto a la temperatura de transporte de la carne para la producción de productos específicos.
b) Se establecen criterios más flexibles en cuanto a la humedad de la carne para la producción de productos específicos.

c) Se establecen criterios más flexibles en cuanto al peso de la carne.

d) Se establecen criterios más flexibles en cuanto a la documentación y trazabilidad.

20. El sacrificio de animales para consumo doméstico privado, ¿está regulado legalmente?

a) Sí, en el Reglamento 852/2004.

b) Sí, en el Real Decreto 1086/2020.

c) Sí, en el paquete de higiene.

d) No.

21. Elaboración culinaria resultado de la preparación en crudo, del precocinado o cocinado de uno o varios productos alimenticios. Podrá presentarse envasada o no y dispuesta para su consumo, bien directamente, o bien tras un calentamiento o tratamiento culinario adicional;

a) Comida.

b) Nutriente.

c) Alimento.

d) Comida preparada.

22. ¿Cuál de los siguientes es un establecimiento de comercio al por menor según recoge la normativa?

a) Un hospital.

b) Un vehículo de venta ambulante.

c) Una carpa.

d) Todas las respuestas son correctas.

23. ¿Cuál de los siguientes no es un establecimiento de comercio al por menor según recoge la normativa?

a) Un local ambulante.

b) Un centro escolar donde se celebra ocasionalmente una fiesta infantil.

c) Un restaurante que da servicio a domicilio.

d) Todas las respuestas son correctas.

24. ¿Cómo se define una "colectividad"?

a) Conjunto de personas consumidoras con unas características diferentes que demandan un servicio de comidas preparadas.

b) Conjunto de personas consumidoras con unas características similares que demandan un servicio de comidas al por mayor.

c) Conjunto de personas consumidoras con unas características similares que demandan un servicio de comidas preparadas.

d) Ninguna respuesta es correcta.

25. ¿Por qué norma se crea el Registro general Sanitario de Empresas Alimentarias y Alimentos, el Registro General Sanitario de Empresas Alimentarias y Alimentos?

a) Real Decreto 1021/2022, de 13 de diciembre
b) Real Decreto 191/2011, de 18 de febrero.
c) Real Decreto 1086/2020, del 9 de diciembre.
d) Real Decreto 852/2004, de 29 de abril.

26. ¿A qué temperatura se mantendrá una comida preparada para su consumo?

a) Superior o igual a 70 ºC.
b) Superior o igual a 63 ºC.
c) Inferior o igual a 63 ºC.
d) A 65 ºC.

27. Una comida preparada que se va a refrigerar por un periodo inferior a 24 h, ¿a qué temperatura se debe conservar?

a) 4 ºC.
b) 8 ºC.
c) 63 ºC.
d) -18 ºC.

28. ¿A qué temperatura deberá conservarse una comida preparada cuya vida útil es superior a 24 horas?

a) 4 ºC.
b) 5 ºC.
c) 8 ºC.
d) 10 ºC.

29. ¿A qué temperatura se conservarán las comidas preparadas congeladas?

a) 0 ºC.
b) -10 ºC.
c) -18 ºC.
d) -45 ºC.

30. ¿Cuánto tiempo como máximo tardará en abatir la temperatura de una comida preparada hasta 10 ºC?

a) 1 hora.
b) 90 minutos.
c) 2 horas.
d) 24 horas.

Solución al test n.º 2

1. a) 178/2002 del Parlamento Europeo y del Consejo, de 28 de enero de 2002.

2. b) Resolución de 15 de diciembre de 2023.

3. c) Reglamento (CE) n.º 852/2004.

4. d) Todas las respuestas son correctas.

5. a) Real Decreto 1086/2020, de 9 de diciembre.

6. b) Real Decreto 1086/2020, de 9 de diciembre.

7. d) Todas las respuestas son correctas.

8. b) Sí, lo permiten los reglamentos del paquete de higiene.

9. a) Sí, para favorecer el comercio de proximidad, siempre que se mantengan las condiciones de higiene necesarias para lograr los objetivos marcados por la normativa.

10. a) Fomentar el consumo de alimentos de otros países.

11. b) Simplifica los procedimientos de comunicación.

12. c) Podrán aislar animales enfermos sin necesidad de tener instalaciones independientes con cerradura.

13. c) No es necesario si no disponen de corrales y no realizan el vaciado y lavado de tripas.

14. c) En los tajos de corte para el despiece de la carne, siempre que sean de maderas tratadas, resistentes y se encuentren en perfecto estado de mantenimiento y limpieza.

15. d) Son correctas las respuestas a) y c).

16. c) Pescado seco.

17. b) Se permite el sacrificio de aves de corral y caza de granja fuera del matadero, siempre que se cumplan determinados requisitos.

18. c) Se permite el corte de las canales de cerdos domésticos antes de conocer los resultados del análisis de detección de triquina.

19. a) Se establecen criterios más flexibles en cuanto a la temperatura de transporte de la carne para la producción de productos específicos.

20. b) Sí, en el Real Decreto 1086/2020.

21. d) Comida preparada.

22. d) Todas las respuestas son correctas.

23. b) Un centro escolar donde se celebra ocasionalmente una fiesta infantil.

24. c) Conjunto de personas consumidoras con unas características similares que demandan un servicio de comidas preparadas.

25. b) Real Decreto 191/2011, de 18 de febrero.

26. b) Superior o igual a 63 ºC.

27. b) 8 ºC.

28. a) 4 ºC.

29. c) -18 ºC.

30. d) 2 horas.

TEST N.º 3

Reglamentación de higiene y seguridad alimentaria de los alimentos o productos alimenticios: Reglamento (CE) Nº 178/2002 del Parlamento Europeo y del Consejo de 28 de enero de 2002, por el que se establecen los principios y los requisitos generales de la legislación alimentaria, se crea la Autoridad Europea de Seguridad Alimentaria y se fijan procedimientos relativos a la seguridad alimentaria:

– Artículo 1: Objetivo y ámbito de aplicación

– Artículo 2: Definición de "alimento"

– Artículo 3: Otras definiciones

– Capítulo II[1]: Legislación Alimentaria General

– Artículo 4: Ámbito de aplicación

– Artículo 5: Objetivos generales: punto

– Artículo 6: Análisis del riesgo

– Artículo 7: Principio de cautela

– Artículo 8: Protección de los intereses de los consumidores

– Artículo 10: Información al público

– Artículo 14: Requisitos de seguridad alimentaria

– Artículo 18: Trazabilidad

– Artículo 19: Responsabilidades respecto a los alimentos: explotadores de empresas alimentarias

---

[1] La parte de Legislación Alimentaria General, es tratada en el CAPÍTULO II, de la norma. Por lo que entendemos es una errata del boletín donde se publica el temario.

1. ¿Cuál es el/los objetivo/s del El Reglamento (CE) Nº 178/2002 del Parlamento Europeo y del Consejo de 28 de enero de 2002?

a) Proporcionar la base para asegurar un nivel elevado de protección de la salud de las personas.

b) Proporcionar la base para asegurar un nivel elevado de protección de los intereses de los consumidores en relación con los alimentos.

c) Contribuir a garantizar el funcionamiento eficaz del mercado interior.

d) Todas las respuestas son correctas.

2. ¿En qué caso es aplicable el Reglamento 178/2002, de 28 de enero?

a) A la producción primaria para uso privado.

b) A todas las etapas de la producción.

c) A todas las etapas de la producción para consumo propio.

d) Las respuestas b) y c) son correctas.

3. ¿Cuál es la definición de alimento según el Reglamento 178/2002?

a) Cualquier sustancia o producto destinados a ser ingeridos por los seres humanos o con probabilidad razonable de serlo, tanto si han sido transformados entera o parcialmente como si no.

b) Cualquier sustancia o producto destinados a ser ingeridos por los seres humanos o con probabilidad razonable de serlo, que necesariamente ha sido transformados completamente.

c) Cualquier sustancia o producto destinados a ser ingeridos por los seres humanos o con probabilidad razonable de serlo, que necesariamente ha sido transformados parcialmente.

d) Cualquier sustancia o producto destinados a ser ingeridos por los seres humanos o con probabilidad razonable de serlo, que no han sido transformados.

4. ¿Cuáles de los siguientes no se incluye en la definición de alimento según el Reglamento 178/2002?

a) Animales vivos.

b) Piensos.

c) Plantas antes de la cosecha.

d) Todas las respuestas son correctas.

5. ¿Qué características tiene que tener la empresa alimentaria para denominarse como tal?

a) Ser pública y sin ánimo de lucro.

b) Ser privada.

c) Llevar a cabo cualquier actividad relacionada con cualquiera de las etapas de la producción, la transformación y la distribución de alimentos.

d) Dedicarse a la cría de reses o al cultivo de hortalizas o frutas.

6. ¿La manipulación o la transformación de alimentos y su almacenamiento en el punto de venta o entrega al consumidor final, se denomina?

a) Comercio al por menor.
b) Explotador de empresa alimentaria.
c) Producción primaria.
d) Trazabilidad.

7. ¿Cómo se denomina el "riesgo" en el Reglamento 178/2002?

a) Todo agente biológico, químico o físico presente en un alimento o en un pienso, o toda condición biológica, química o física de un alimento o un pienso que pueda causar un efecto perjudicial para la salud.
b) La posibilidad de encontrar y seguir el rastro, a través de todas las etapas de producción, transformación y distribución, de un alimento, un pienso, un animal destinado a la producción de alimentos o una sustancia destinados a ser incorporados en alimentos o piensos o con probabilidad de serlo.
c) La ponderación de la probabilidad de un efecto perjudicial para la salud y de la gravedad de ese efecto, como consecuencia de un factor de peligro.
d) Un proceso con fundamento científico formado por cuatro etapas.

8. ¿Cuáles son las tres etapas del análisis de riesgo de un alimento?

a) Determinación del riesgo, gestión del riesgo y eliminación del riesgo.
b) Determinación del riesgo, gestión del riesgo y comunicación del riesgo.
c) Sopesar las alternativas, consultar a las partes interesadas y, seleccionando las opciones apropiadas de prevención y control.
d) Sopesar las alternativas, seleccionar las opciones apropiadas de prevención y control y comunicación del riesgo.

9. ¿Cuál de las siguientes fases forman parte de la gestión del riesgo?

a) Consulta con las partes interesadas.
b) Seguir al alimento a través de su producción, transformación y distribución.
c) Caracterización del factor de peligro.
d) Todas las respuestas son correctas.

10. ¿De qué naturaleza será un factor de peligro presente en el alimento?

a) Física.
b) Química.
c) Biológica.
d) Todas las respuestas son correctas.

11. La posibilidad de encontrar y seguir el rastro, a través de todas las etapas de producción, transformación y distribución, de un alimento, se denomina:

a) Comercio libre.
b) Trazabilidad.
c) Transformabilidad.
d) Gestión del riesgo.

12. ¿Cuál de estas fases relacionadas con el alimento no se consideran producción primaria?

a) Cría de animales de compañía.
b) Cosecha.
c) Ordeño.
d) Caza.

13. ¿En qué se basa la determinación de un riesgo en el alimento?

a) En las opiniones de los consumidores.
b) En las pruebas científicas.
c) En las comunicaciones del productor.
d) Todas las respuestas son correctas.

14. ¿Cuál es la Autoridad Europea de Seguridad Alimentaria?

a) AESAN.
b) Ministerio de Consumo.
c) EFSA.
d) La Comisión de la Unión Europea.

15. ¿En qué caso se aplica el principio de cautela?

a) Cuando, tras haber evaluado la información disponible, se observe la posibilidad de que haya efectos nocivos para la salud, pero siga existiendo incertidumbre científica.
b) Cuando haya pruebas científicas que determinen que existe un riesgo para la salud.
c) Cuando tras haber evaluado la información disponible, existan evidencias científicas de que haya efectos nocivos para la salud.
d) En cualquiera de los casos anteriores, antes de la distribución de un alimento.

16. Si se sospecha que un alimento tiene efectos nocivos para la salud, pero no hay evidencias científicas de ello, ¿qué hará la Autoridad Alimentaria?

a) Adoptará medidas definitivas de gestión del riesgo.
b) Adoptará medidas provisionales de gestión del riesgo, hasta disponer de información científica adicional que permita una determinación del riesgo más exhaustiva.

c) Modificará el sistema de producción del alimento.
d) No tomará medidas hasta contar con evidencias científicas de los efectos del alimento.

17. ¿Qué trata el artículo 8 del Reglamento (CE) Nº 178/2002 del Parlamento Europeo y del Consejo de 28 de enero de 2002?

a) Información al público.
b) Análisis de riesgo.
c) Principio de cautela.
d) Protección de los intereses de los consumidores.

18. ¿Cuál es el artículo 10 del Reglamento (CE) Nº 178/2002 del Parlamento Europeo y del Consejo de 28 de enero de 2002?

a) Análisis de riesgo.
b) Trazabilidad.
c) Información al público.
d) Ámbito de aplicación.

19. ¿Qué información debe recibir el consumidor cuando un alimento pueda presentar un riesgo para su salud?

a) Naturaleza del riesgo.
b) Alimento afectado.
c) Medidas que se adopten o vayan a adoptar.
d) Todas las respuestas son correctas.

20. ¿Qué factores se tendrán en cuenta para determinar que un alimento es nocivo?

a) Los probables efectos inmediatos y a corto y largo plazo de ese alimento, no sólo para la salud de la persona que lo consume, sino también para la de sus descendientes.
b) Los posibles efectos tóxicos acumulativos.
c) La sensibilidad particular de orden orgánico de una categoría específica de consumidores, cuando el alimento esté destinado a ella.
d) Todos los anteriores.

21. Un alimento que resulta inaceptable para el consumo humano por estar contaminado por una materia extraña, ¿cómo se denomina?

a) Alimento adulterado.
b) Alimento nocivo.
c) Alimento no apto para el consumo humano.
d) Alimento putrefacto.

22. En caso de no existir normativa comunitaria específica sobre un alimento, ¿qué normativa se tendrá en cuenta para determinar si es seguro?

a) La de la Unión Europea.
b) La del Estado que produce el alimento.
c) La del Estado miembro de la Unión Europea donde se comercialice el alimento.
d) Ninguna normativa, hasta que se publique normativa específica.

23. ¿Qué artículo del Reglamento 178/2002 habla sobre la trazabilidad?

a) 8.
b) 10.
c) 14.
d) 18.

24. Indica la afirmación correcta:

a) En todas las etapas de la producción, la transformación y la distribución deberá asegurarse la trazabilidad de los alimentos.
b) En todas las etapas de la producción, la transformación y la distribución deberá asegurarse la trazabilidad de los piensos y los animales destinados a la producción de alimentos.
c) En todas las etapas de la producción, la transformación y la distribución deberá asegurarse la trazabilidad de cualquier otra sustancia destinada a ser incorporada en un alimento.
d) Todas las respuestas son correctas.

25. Indica la respuesta correcta:

a) Los explotadores de empresa alimentaria deberán identificar a cualquier persona que les haya suministrado un alimento y a las empresas a las que hayan suministrado sus productos.
b) Los explotadores de empresa alimentaria deberán identificar a cualquier persona que les haya suministrado un alimento pero no a las empresas a las que hayan suministrado sus productos.
c) Los explotadores de empresa alimentaria deberán identificar a las empresas a las que hayan suministrado sus productos, pero no a las que su empresa haya suministrado un alimento.
d) Los explotadores de empresa alimentaria no tienen obligación de identificar a las empresas con las que comercia.

26. ¿Cuál de estas prácticas es obligatoria para facilitar la trazabilidad de un alimento?

a) La esterilización del producto.
b) La correcta alimentación del ganado.

c) El etiquetado e identificación del producto.
d) El correcto almacenamiento.

27. En caso de sospechar que un producto no cumple los requisitos de seguridad de los alimentos, ¿qué hará el explotador de empresa alimentaria?

a) Retirarlo del mercado antes de que llegue a los consumidores.
b) Si ha llegado a los consumidores, ya no puede recuperarlo, pero debe avisar del riesgo.
c) No tiene obligación de tomar medidas hasta que no tenga la seguridad de que no se cumplen los requisitos necesarios.
d) Son correctas las respuestas b) y c).

28. Si un empresario considera que un alimento que ha comercializado puede ser nocivo para la salud, ¿tiene obligación de informar?

a) Sí, informará inmediatamente a las autoridades competentes.
b) Sí, informará al consumidor.
c) No, esa obligación corresponde a las autoridades competentes.
d) Sí, informará a la autoridad competente y al consumidor.

29. ¿Qué artículo del Reglamento 178/2002 establece las responsabilidades del explotador de empresas alimentarias respecto a los alimentos?

a) 10.
b) 17.
c) 19.
d) 25.

30. ¿Qué artículos del Reglamento 178/2002 hablan sobre los principios de transparencia?

a) 5 y 6.
b) 9 y 10.
c) 12 y 13.
d) 18 y 19.

Solución al test n.º 3

1. d) Todas las respuestas son correctas.

2. b) A todas las etapas de la producción.

3. a) Cualquier sustancia o producto destinados a ser ingeridos por los seres humanos o con probabilidad razonable de serlo, tanto si han sido transformados entera o parcialmente como si no.

4. d) Todas las respuestas son correctas.

5. c) Llevar a cabo cualquier actividad relacionada con cualquiera de las etapas de la producción, la transformación y la distribución de alimentos.

6. a) Comercio al por menor.

7. c) La ponderación de la probabilidad de un efecto perjudicial para la salud y de la gravedad de ese efecto, como consecuencia de un factor de peligro.

8. b) Determinación del riesgo, gestión del riesgo y comunicación del riesgo.

9. a) Consulta con las partes interesadas.

10. d) Todas las respuestas son correctas.

11. b) Trazabilidad.

12. a) Cría de animales de compañía.

13. b) En las pruebas científicas.

14. c) EFSA.

15. a) Cuando, tras haber evaluado la información disponible, se observe la posibilidad de que haya efectos nocivos para la salud, pero siga existiendo incertidumbre científica.

16. b) Adoptará medidas provisionales de gestión del riesgo, hasta disponer de información científica adicional que permita una determinación del riesgo más exhaustiva.

17. d) Protección de los intereses de los consumidores.

18. c) Información al público.

19. d) Todas las respuestas son correctas.

20. d) Todos los anteriores.

21. c) Alimento no apto para el consumo humano.

22. c) La del Estado miembro de la Unión Europea donde se comercialice el alimento.

23. d) 18.

24. d) Todas las respuestas son correctas.

25. a) Los explotadores de empresa alimentaria deberán identificar a cualquier persona que les haya suministrado un alimento y a las empresas a las que hayan suministrado sus productos.

26. c) El etiquetado e identificación del producto.

27. a) Retirarlo del mercado antes de que llegue a los consumidores.

28. d) Sí, informará a la autoridad competente y al consumidor.

29. c) 19.

30. b) 9 y 10.

TEST N.º 4

Reglamentación de higiene y seguridad alimentaria de los alimentos o productos alimenticios: Real Decreto 3484/2000, de 29 de diciembre[1] por el que se establecen las normas de higiene para la elaboración, distribución y comercio de comidas preparadas

1. Los establecimientos de comercio al por menor podrán usar huevo crudo para elaborar alimentos que se sometan a un tratamiento térmico donde se alcance una temperatura igual o superior a:

a) 63 °C.
b) 70 °C.
c) 45 °C.
d) 100 °C.

2. ¿A qué temperatura se deben mantener los alimentos cocinados hasta su consumo, si no se van a refrigerar o congelar?

a) A una temperatura superior o igual a 33 °C hasta el momento de su consumo.
b) A una temperatura superior o igual a 43 °C hasta el momento de su consumo.
c) A una temperatura superior o igual a 53 °C hasta el momento de su consumo.
d) A una temperatura superior o igual a 63 °C hasta el momento de su consumo.

3. ¿Cuál es el objeto del Real Decreto 1021/2022, de 13 de diciembre?

a) Establecer los requisitos en materia de higiene de la producción, elaboración, transporte, almacenamiento y comercialización de los productos alimenticios en establecimientos de comercio al por menor.
b) Establecer los requisitos en materia de higiene de la producción, elaboración, transporte, almacenamiento y comercialización de los productos alimenticios en establecimientos de comercio al por mayor.

---

[1]   Este Real Decreto ha sido derogado por Real Decreto 1021/2022, de 13 de diciembre, por el que se regulan determinados requisitos en materia de higiene de la producción y comercialización de los productos alimenticios en establecimientos de comercio al por menor.

c) Flexibilizar los requisitos relativos a los establecimientos de comercio al por menor que regula el Reglamento 3484/2000, de 29 de diciembre.

d) Dar rigidez a los requisitos establecidos en el Reglamento 852/2004.

4. ¿Cuál de las siguientes normas es derogada por el Real Decreto 1021/2022, de 13 de diciembre?

a) Real Decreto 3484/2000, de 29 de diciembre.
b) Reglamento 852/2004 del Parlamento Europeo y del consejo, de 29 de abril de 2004.
c) Reglamento 853/2004 del Parlamento Europeo y del consejo, de 29 de abril de 2004.
d) Real Decreto 1086/2020, del 9 de diciembre.

5. Según el R.D. 1021/2022, ¿cuál de estos establecimientos no se considera de comercio al por menor?

a) Un hospital, que tiene servicio de alimentación y nutrición para los pacientes.
b) Un local ambulante de venta de comida rápida.
c) Un agricultor que vende directamente sus productos recolectados.
d) Una cocina de colectividades.

6. ¿Cómo se define la "colectividad" en el RD 1021/2022?

a) Conjunto de personas consumidoras con unas características similares que demandan un servicio de comidas preparadas.
b) Establecimiento que da servicio de comidas a un conjunto de personas consumidoras con unas características similares que demandan un servicio de comidas preparadas.
c) Empresa que realiza la venta al por mayor de comidas preparadas.
d) Todas las respuestas son correctas.

7. ¿Qué es un obrador?

a) La parte de un establecimiento de comercio al por menor, accesible al público, destinada a las actividades de manipulación, preparación, elaboración propia, envasado y, en su caso, almacenamiento de productos alimenticios.
b) La parte de un establecimiento de comercio al por menor, inaccesible al público, destinada a las actividades de manipulación, preparación, elaboración propia, envasado y, en su caso, almacenamiento de productos alimenticios.
c) El manipulador de alimentos encargado de la preparación o elaboración propia de alimentos y el almacenamiento de productos alimenticios hasta su venta.
d) Ninguna respuesta es correcta.

8. El espacio de un establecimiento de comercio al por menor donde, como actividad complementaria, se sirven sus productos a la clientela para su consumo *in situ*, ¿cómo se denomina?

a) Zona de venta.
b) Obrador.

c) Zona de degustación.
d) Zona de servicio.

9. ¿A qué temperatura se debe conservar la carne de cordero?

a) Igual o inferior a 3 ºC.
b) Igual o inferior a 5 ºC.
c) Igual o inferior a 7 ºC.
d) Igual o inferior a 10 ºC.

10. ¿A qué temperatura se debe refrigerar el pollo?

a) Igual o inferior a 4 ºC.
b) Igual o inferior a 7 ºC.
c) Igual o inferior a 0 ºC.
d) Igual o inferior a -5 ºC.

11. ¿Qué requiere menor temperatura de refrigeración, la carne de vaca, la carne de cerdo o los despojos?

a) Carne de vaca.
b) Carne de cerdo.
c) Despojos.
d) Se deben conservar todos a la misma temperatura.

12. ¿A qué temperatura se debe conservar la carne picada?

a) Igual o inferior a 2 ºC.
b) Igual o inferior a 4 ºC.
c) Igual o inferior a 0 ºC.
d) Igual o inferior a -5 ºC.

13. Si en una cocina de colectividades se adquiere un producto envasado y se congela, ¿qué indicará la etiqueta?

a) Solo fecha de caducidad o de consumo preferente.
b) Solo fecha de congelación.
c) Fecha de adquisición del producto y fecha de congelación.
d) Fecha de caducidad o consumo preferente y fecha de congelación.

14. ¿Qué fecha se indicará en el recipiente donde se congela la materia prima que se adquirió sin envasar?

a) Fechas de consumo preferente.
b) Fecha de congelación.

c) Fecha de llegada al establecimiento.
d) Son correctas las respuestas b) y c).

15. Cuando un producto elaborado en el propio establecimiento se congela, ¿qué fecha se indicará en el envase?

a) Elaboración o transformación.
b) Congelación.
c) Caducidad o consumo preferente.
d) Todas las respuestas son correctas.

16. ¿Los alimentos congelados se pueden poner a la venta tras descongelar?

a) Sí, indicando la denominación del alimento y la palabra "descongelado".
b) Sí, no será necesario indicarlo.
c) No, nunca.
d) Sólo en el caso del pescado, y siempre que se informe al comprador.

17. ¿Qué método es correcto para la descongelación de alimentos, según el RD 1021/2022?

a) Refrigeración.
b) Agua corriente fría, cuando los alimentos se cocinen inmediatamente tras la descongelación.
c) Temperatura ambiente, cuando por razones tecnológicas debidamente justificadas, así lo requiera el alimento.
d) Todas las respuestas son correctas.

18. ¿Cuánto tiempo puede pasar como máximo desde la retirada de un alimento del frigorífico y su recalentamiento para el servicio?

a) 1 hora.
b) 6 horas.
c) 24 horas.
d) 48 horas.

19. Antes de congelar una comida preparada en caliente, ¿qué se debe hacer?

a) Bajar la temperatura desde 65 hasta 5 ºC dentro del refrigerador.
b) Dejar a temperatura ambiente para que se enfríe.
c) Bajar la temperatura de 60 ºC a 10 ºC en menos de dos horas.
d) Meter directamente al congelador.

20. ¿Cómo se llama el proceso de enfriamiento rápido de la comida antes de su conservación por frío?

a) Refrigeración.
b) Regeneración.

c) Abatimiento.
d) Ultracongelación.

21. ¿A qué temperatura se debe recalentar para su servicio una comida que estaba conservada en refrigeración?

a) 65 ºC en el centro del alimento.
b) 70 ºC en el centro del alimento.
c) 74 ºC en el centro del alimento.
d) 90 ºC en el centro del alimento.

22. ¿Para una colectividad está permitido elaborar un producto con huevo, si no va a ser sometido a tratamiento térmico?

a) Con huevo crudo no.
b) Se deberá utilizar un ovoproducto.
c) No se puede servir este tipo de productos.
d) Se puede elaborar con huevo crudo si después se congela.

23. Una comida que ha sido refrigerada y después recalentada, ¿cuántas veces se puede recalentar?

a) Las que sea necesario.
b) Sólo la primera vez.
c) Dos veces, una tras la elaboración y otra antes del servicio.
d) Se podrá recalentar varias veces si previamente se vuelve a congelar.

24. Los productos alimenticios elaborados en el establecimiento de comercio al por menor, ¿pueden indicar en la etiqueta que son de elaboración propia?

a) Sí, es obligatorio.
b) Sí, pero es voluntario.
c) Deben indicar el método utilizado para la elaboración.
d) Deben solicitar permiso para indicarlo.

25. ¿Qué condiciones deben cumplir las máquinas expendedoras de productos alimenticios?

a) Renovación frecuente de los productos, según su fecha de caducidad o consumo preferente.
b) Temperatura de conservación adecuada.
c) Sistema de alarma en caso de refrigerados.
d) Todas las respuestas son correctas.

26. Según el RD 1021/2022, los alimentos preparados en locales utilizados principalmente como vivienda privada:

a) No se podrán servir a colectividades, pero si a otros establecimientos de comercio al por menor.
b) No se podrán congelar, pero sí se podrán mantener en congelación las materias primas que se adquieran ya congeladas.
c) No se podrán suministrar en el propio establecimiento, aunque tenga autorización de la autoridad competente.
d) Todas las respuestas son correctas.

27. ¿Cuál es el volumen máximo de alimentos que pueden ser preparado en locales utilizados principalmente como vivienda privada?

a) 20 kilos semanales.
b) 20 kilos diarios.
c) 100 kilos anuales.
d) 100 kilos semanales.

28. ¿En qué caso está permitido el acceso de animales a los establecimientos de comercio al por menor?

a) Perros de asistencia y los de las Fuerzas y Cuerpos de Seguridad del Estado, en el cumplimiento de sus funciones y bajo la supervisión de su responsable.
b) En terrazas de bares, y se les podrá dar de comer o beber en útiles propios del establecimiento.
c) En el interior de supermercados sin necesidad de estar sujetos por una corre.
d) Si están sujetos por una correa pueden acceder a cualquier establecimiento.

29. ¿Está permitido que los establecimientos de comercio al por menor donen huevos?

a) Sí, si tienen han pasado menos de veintiún días tras la puesta.
b) Si los huevos tienen más de veintiún días tras la puesta, podrán donarlos si el receptor los consume al día siguiente.
c) Sí, siempre que el receptor los transforme con un tratamiento térmico.
d) No, en ningún caso.

30. ¿Los operadores podrán servir los productos alimenticios en recipientes reutilizables aportados por la propia clientela?

a) Sí, cuando el cliente aporta en el momento de hacer la compra, recipientes de material apto para el contacto de los alimentos.
b) Sí, pero el responsable de la higiene de los recipientes será el vendedor, no el cliente.
c) Sí, y quien vende no podrá rechazar el uso de un recipiente aun si considera que el estado higiénico del mismo no es adecuado para garantizar la seguridad del producto.
d) No, el recipiente debe ponerlo siempre el vendedor.

Solución al test n.º 4

1. b) 70 °C.

2. d) A una temperatura superior o igual a 63 °C hasta el momento de su consumo.

3. a) Establecer los requisitos en materia de higiene de la producción, elaboración, transporte, almacenamiento y comercialización de los productos alimenticios en establecimientos de comercio al por menor.

4. a) Real Decreto 3484/2000, de 29 de diciembre.

5. b) Un local ambulante de venta de comida rápida.

6. a) Conjunto de personas consumidoras con unas características similares que demandan un servicio de comidas preparadas.

7. b) La parte de un establecimiento de comercio al por menor, inaccesible al público, destinada a las actividades de manipulación, preparación, elaboración propia, envasado y, en su caso, almacenamiento de productos alimenticios.

8. c) Zona de degustación.

9. c) Igual o inferior a 7 °C.

10. a) Igual o inferior a 4 °C.

11. c) Despojos.

12. a) Igual o inferior a 2 °C.

13. d) Fecha de caducidad o consumo preferente y fecha de congelación.

14. d) Son correctas las respuestas b) y c).

15. d) Todas las respuestas son correctas.

16. a) Sí, indicando la denominación del alimento y la palabra "descongelado".

17. d) Todas las respuestas son correctas.

18. a) 1 hora.

19. c) Bajar la temperatura de 60 ºC a 10 ºC en menos de dos horas.

20. c) Abatimiento.

21. c) 74 ºC en el centro del alimento.

22. b) Se deberá utilizar un ovoproducto.

23. b) Sólo la primera vez.

24. b) Sí, pero es voluntario.

25. d) Todas las respuestas son correctas.

26. c) No se podrán congelar, pero sí se podrán mantener en congelación las materias primas que se adquieran ya congeladas.

27. d) 100 kilos semanales.

28. a) Perros de asistencia y los de las Fuerzas y Cuerpos de Seguridad del Estado, en el cumplimiento de sus funciones y bajo la supervisión de su responsable.

29. a) Sí, si tienen han pasado menos de veintiún días tras la puesta.

30. a) Sí, cuando el cliente aporta en el momento de hacer la compra, recipientes de material apto para el contacto de los alimentos.

Reglamentación de higiene y seguridad alimentaria de los alimentos o productos alimenticios: Reglamento (CE) Nº 852/2004 del Parlamento Europeo y del Consejo de 29 de abril de 2004 relativo a la higiene de los productos alimenticios:

– **Capítulo I: Disposiciones generales**
– **Capítulo II: Obligaciones de los operadores de empresa alimentaria**
– **Anexo II: Requisitos higiénicos generales aplicables a todos los operadores de empresa alimentaria (excepto el Capítulo III)**

1. ¿Qué requisitos exige el Reglamento 852/2004 del Parlamento Europeo, para los locales destinados a los productos alimenticios?

a) Habrá ventilación artificial para evitar tener que hacer control de temperatura.
b) Se evitarán las corrientes de aire desde zonas contaminadas a zonas limpias.
c) Dispondrán siempre de buena iluminación natural.
d) Todas las respuestas son correctas.

2. Los contenedores utilizados para transporte de productos alimenticios, ¿podrán transportar algo que no sean productos alimenticios?

a) No, nunca.
b) Sí, siempre que exista una separación efectiva de los productos para evitar contaminación.
c) Sí, no tienen por qué ser exclusivos para productos alimenticios.
d) Cada producto debe ir obligatoriamente en un contenedor, aunque podrá ser transportado en el mismo vehículo.

3. El Reglamento 852/2004 establece las disposiciones aplicables a los productos alimenticios. Indique cuál de las siguientes es falsa:

a) Las materias primas e ingredientes se almacenarán en condiciones adecuadas, que permitan evitar su deterioro y protegerlos de la contaminación.
b) Las materias primas o productos no deberán conservarse a temperaturas que puedan dar lugar a riesgos para la salud.

c) Cuando un operador de empresa alimentaria prevea razonablemente que una materia prima pueda estar contaminada, la someterá a cocción prolongada para eliminar los microorganismos.

d) La descongelación se hará de modo que se reduzca al mínimo el riesgo de multiplicación de microorganismos patógenos o la formación de toxinas.

4. Según el Reglamento (CE) 852/2004 del Parlamento Europeo y del Consejo, de 29 de abril, los operadores de empresa alimentaria deberán garantizar:

a) La supervisión, instrucción y formación de los manipuladores de alimentos en cuestiones de higiene alimentaria.

b) La vigencia de la normativa en materia de higiene alimentaria.

c) La formación de los inspectores de la autoridad competente en materia de higiene alimentaria.

d) Todas las respuestas son falsas.

5. ¿Qué obligación tiene la empresa alimentaria con la autoridad competente?

a) Deberá cooperar y notificar todos los establecimientos que estén bajo su control con el fin de proceder a su registro.

b) Enviará informe diario pormenorizado sobre la actividad de la empresa.

c) Registrará la contabilidad mensual.

d) La normativa vigente no establece obligaciones con la autoridad competente.

6. ¿Qué requisitos se establecen respecto a la temperatura de los locales donde se manipulan alimentos?

a) La manipulación y almacenamiento se harán a temperatura adecuada, que se podrá comprobar y registrar.

b) La temperatura se mantendrá constante durante todo el proceso de manipulación.

c) Será siempre de 20 ºC, para comodidad del trabajador.

d) La normativa no hace referencia a la temperatura salvo para productos conservados por frío.

7. Respecto a la disposición, diseño, construcción, emplazamiento y tamaño, de los locales donde se manipulen alimentos, ¿qué establece la normativa?

a) Permitirá su limpieza y desinfección, y evitará la acumulación de suciedad.

b) Dispondrá de espacio suficiente para trabajar de forma higiénica.

c) Reducirá la contaminación por aire.

d) Todas las respuestas son correctas.

8. ¿Qué características tendrán los fregaderos?

a) Tendrán suministro de agua potable.

b) Serán fáciles de limpiar y desinfectar.

c) Estarán hechos de material liso y resistente a la corrosión.
d) Todas las respuestas son correctas.

9. ¿Establece la normativa vigente algún requisito higiénico para los equipos de cocina?

a) No, no hay requisitos específicos sobre higiene.
b) Obliga a que lleven dispositivos de control en todo caso.
c) Cuando estén en contacto con los alimentos deberán limpiarse y desinfectarse con frecuencia.
d) Diariamente deberán desmontarse para su limpieza.

10. ¿Qué dice el Reglamento 852/2004 sobre los contenedores de desperdicios de productos alimenticios?

a) Estarán provistos de cierre y se mantendrán limpios.
b) Tendrán una capacidad de 10 metros cúbicos.
c) Serán de color negro.
d) Todas las respuestas son correctas.

11. ¿Se puede utilizar agua corriente para el vapor que entra en contacto con los alimentos?

a) Sí, siempre que no contenga ninguna sustancia que entrañe peligro para la salud o pueda contaminar el producto.
b) No nunca.
c) Sólo si el agua es no potable.
d) El Reglamento 852/2004 no habla de este aspecto.

12. ¿Qué afirmación es correcta sobre los envases de productos alimenticios?

a) Serán siempre no reutilizables.
b) Serán reutilizables y de material permeable.
c) Se almacenarán de manera que se garantice su integridad.
d) Todas las respuestas son correctas.

13. ¿Qué es el sistema APPCC?

a) Un instrumento para ayudar a logra niveles elevados de seguridad alimentaria.
b) Un sistema de control de personal.
c) Un método para definir los procesos de producción.
d) Una guía de buenas prácticas.

14. ¿En qué principios se basa el sistema de Análisis de Peligros y Puntos de Control Crítico (APPCC)?

a) Análisis y localización de los riesgos.
b) Determinación de los puntos críticos.
c) Definición, aplicación y verificación de procedimientos eficaces de control y seguimiento.
d) Todas las opciones son correctas.

15. En los concursos de suministros que realice el centro hospitalario, para poder ser seleccionado un proveedor, ¿qué requisito deberá cumplir?

a) Poseerá el nº de Registro General Sanitario de Alimentos en vigor.
b) Deberá tener implantado y aplicado un sistema APPCC.
c) Permitirá auditorías a sus instalaciones por personal designado por el centro hospitalario.
d) Todas las respuestas anteriores son correctas.

16. ¿Quién tiene la responsabilidad de poner en el mercado alimentos seguros en una empresa alimentaria?

a) La Administración.
b) La Empresa Alimentaria.
c) El trabajador.
d) La Empresa Alimentaria y el trabajador.

17. ¿En qué caso no es de aplicación el Reglamento (CE) Nº 852/2004?

a) Producción primaria para uso doméstico.
b) Transformación de productos primarios.
c) Suministro de comidas preparadas.
d) Todas las respuestas son correctas.

18. ¿Qué se entiende por "transformación" según el Reglamento 852/2004?

a) Cualquier acción que altere sustancialmente el producto inicial.
b) Tratamientos térmicos que alteren sustancialmente el producto inicial.
c) Tratamientos como el ahumado, el curado o marinado.
d) Todas las respuestas son correctas.

19. ¿En qué consiste la obligación de transparencia para el explotador de empresa alimentaria?

a) Retirarán inmediatamente del mercado un alimento o un pienso si tienen razones para creer que no son seguros.
b) Informarán inmediatamente a las autoridades competentes si tienen razones para pensar que los alimentos o los piensos que están bajo su responsabilidad no son seguros.

c) Informarán inmediatamente a las autoridades competentes si tienen razones para pensar que los alimentos o los piensos que están bajo su responsabilidad no son seguros.

d) Determinarán, revisarán regularmente y someterán a control los puntos críticos de sus procesos.

20. Según el Reglamento 852/2004, ¿cuál de las siguientes es una operación conexa a la producción primaria?

a) El transporte de animales vivos, o de productos primarios en el lugar de producción.
b) Limpieza y lavado de hortalizas.
c) Almacenamiento de materia prima.
d) Todas las respuestas son correctas.

21. ¿Qué obligación tendrá el productor de productos primarios de origen animal?

a) Evitarán en la medida de lo posible que los animales y las plagas provoquen contaminación.
b) Impedirán la introducción y difusión de enfermedades contagiosas transmisibles al ser humano a través de los alimentos.
c) Emplearán correctamente los aditivos para piensos y los medicamentos para animales.
d) Todas las respuestas son correctas.

22. ¿Qué datos deben guardar en un registro los operadores que produzcan o cosechen vegetales?

a) La utilización de productos desinfectantes para superficies.
b) Aparición de plagas o de enfermedades.
c) Uso dado a los vegetales tras entregar al comprador.
d) Todas las respuestas son correctas.

23. Respeto a la toma de muestras, ¿qué método deben utilizar los operadores de empresa alimentaria?

a) Exclusivamente los que determine la reglamentación.
b) Los que determine la reglamentación, u otros métodos validados científicamente y que ofrezcan resultados equivalentes.
c) Los que proponga el comprador.
d) La normativa no especifica nada en relación a la metodología utilizada para la toma de muestras.

24. ¿Qué requisitos establece la normativa para un alimento comercializado envasado y esterilizado?

a) Deberá ir en recipiente herméticamente cerrado.
b) Todas las partes del producto se tratarán a una temperatura determinada durante un periodo de tiempo determinado.

c) Durante el tratamiento se evitará la contaminación del producto.

d) Todas las respuestas son correctas.

25. Según el Reglamento 852/2004, ¿qué afirmación es cierta?

a) Los operadores de empresa alimentaria deberán garantizar la supervisión y la instrucción o formación de los manipuladores de productos alimenticios en cuestiones de higiene alimentaria, de acuerdo con su actividad laboral.

b) Los operadores de empresa alimentaria deberán garantizar que los trabajadores a su cargo aplican las guías nacionales.

c) Que el personal a su cargo recibe formación en todos los ámbitos posibles.

d) Todas las respuestas son correctas.

Solución al test n.º 5

1. b) Se evitarán las corrientes de aire desde zonas contaminadas a zonas limpias.

2. b) Sí, siempre que exista una separación efectiva de los productos para evitar contaminación.

3. c) Cuando un operador de empresa alimentaria prevea razonablemente que una materia prima pueda estar contaminada, la someterá a cocción prolongada para eliminar los microorganismos.

4. a) La supervisión, instrucción y formación de los manipuladores de alimentos en cuestiones de higiene alimentaria.

5. a) Deberá cooperar y notificar todos los establecimientos que estén bajo su control con el fin de proceder a su registro.

6. a) La manipulación y almacenamiento se harán a temperatura adecuada, que se podrá comprobar y registrar.

7. d) Todas las respuestas son correctas.

8. d) Todas las respuestas son correctas.

9. c) Cuando estén en contacto con los alimentos deberán limpiarse y desinfectarse con frecuencia.

10. a) Estarán provistos de cierre y se mantendrán limpios.

11. a) Sí, siempre que no contenga ninguna sustancia que entrañe peligro para la salud o pueda contaminar el producto.

12. c) Se almacenarán de manera que se garantice su integridad.

13. a) Un instrumento para ayudar a logra niveles elevados de seguridad alimentaria.

14. d) Todas las opciones son correctas.

15. d) Todas las respuestas anteriores son correctas.

16. b) La Empresa Alimentaria.

17. a) Producción primaria para uso doméstico.

18. d) Todas las respuestas son correctas.

19. b) Informarán inmediatamente a las autoridades competentes si tienen razones para pensar que los alimentos o los piensos que están bajo su responsabilidad no son seguros.

20. a) El transporte de animales vivos, o de productos primarios en el lugar de producción.

21. d) Todas las respuestas son correctas.

22. b) Aparición de plagas o de enfermedades.

23. b) Los que determine la reglamentación, u otros métodos validados científicamente y que ofrezcan resultados equivalentes.

24. d) Todas las respuestas son correctas.

25. a) Los operadores de empresa alimentaria deberán garantizar la supervisión y la instrucción o formación de los manipuladores de productos alimenticios en cuestiones de higiene alimentaria, de acuerdo con su actividad laboral.

Sistema de autocontrol basado en el Análisis de Peligros y Puntos de Control Críticos (APPCC) y pre-requisitos (plan de limpieza y desinfección, plan DDD). Concepto de calidad en hostelería hospitalaria. Sistemas de gestión de la calidad en alimentación hospitalaria (ISO 22000, ISO 9001, EFQM) nociones básicas

1. El sistema de APPCC tiene como objetivo:

a) Establecer un plan de emergencia para el caso de incendio.

b) Identificar, valorar y controlar los peligros sanitarios e higiénicos asociados al conjunto y a cada una de las fases de la cadena alimentaria.

c) Analizar las pautas de comportamiento de los trabajadores.

d) Ninguna de las anteriores respuestas es la correcta.

2. El sistema de APPCC está basado en:

a) Dos principios.

b) Tres principios.

c) Seis principios.

d) Siete principios.

3. La verificación del sistema de APPCC debe realizarse:

a) Periódicamente, con el fin de asegurar que los puntos de control crítico están bajo control.

b) Cuando existan dudas de la seguridad del producto.

c) Cuando se hagan modificaciones en el Plan APPCC.

d) Todas las respuestas son correctas.

4. Es, entre otras, función del coordinador del equipo de implantación del sistema de APPCC:

a) La organización de las reuniones.

b) La elaboración de menús.

c) El registro de las decisiones del equipo.

d) Las opciones a) y c) son correctas.

5. El establecimiento de un sistema de registro o documentación de los planes relativos a los sistemas de APPCC, permite:

a) Mostrar las incidencias ocurridas, la toma de decisiones y comprobar si el sistema está funcionado con eficacia.

b) Comprobar la salubridad de los alimentos.

c) Determinar quién realiza la vigilancia del sistema.

d) No es uno de los principios en los que se basa el sistema de APPCC.

6. ¿Qué se entiende por "trazabilidad"?

a) La posibilidad de encontrar y seguir el rastro, a través de todas las etapas de la producción, transformación y distribución de un alimento.

b) La información contenida en la etiqueta de un producto alimenticio.

c) Las fases de la producción de un alimento hasta que está listo para su venta y consumo.

d) La posibilidad de encontrar el rastro de un alimento a partir del momento en que se comercializa.

7. Cuando se describe la vida del producto y los procedimientos utilizados, ¿de qué tipo de trazabilidad hablamos?

a) Trazabilidad hacia atrás.

b) Trazabilidad de proceso.

c) Trazabilidad hacia delante.

d) Todas las respuestas son correctas.

8. ¿Quién será responsable del Plan General de Higiene (PGH)?

a) Una persona o cargo específico de la empresa.

b) Una persona externa a la empresa.

c) Siempre el Jefe de cocina.

d) No hay un responsable del plan.

9. ¿Cuál es el objetivo principal del Plan de limpieza y desinfección (L+D) de una empresa alimentaria?

a) Asegurar que el estado de limpieza y desinfección de locales, equipos y útiles de la empresa alimentaria, previenen cualquier posibilidad de contaminación.

b) Garantizar que el agua que se utiliza en la empresa alimentaria no afecta a la salubridad y seguridad de los productos alimenticios.

c) Evitar la existencia de cualquier plaga.

d) Todas son correctas.

10. ¿Cómo se hará la descripción del producto en el sistema APPCC?

a) A través de diagramas de flujo.
b) Con fichas normalizadas que contengan todos los datos e información requerida.
c) Mediante tablas de datos.
d) No es necesaria la descripción del producto.

11. ¿Qué datos se incluirán en el análisis de peligros?

a) La probabilidad de que surjan peligros y la gravedad de sus efectos perjudiciales para la salud.
b) La evaluación cualitativa y/o cuantitativa de la presencia de peligros.
c) La supervivencia o proliferación de los microorganismos involucrados.
d) Todos los anteriores.

12. ¿Cuándo se establecen medidas correctoras en el sistema APPCC?

a) Cuando los resultados obtenidos del sistema de vigilancia pueda establecer puntos de control crítico.
b) Cuando en los resultados obtenidos del sistema de vigilancia se detecten desviaciones.
c) Siempre después del proceso de verificación.
d) Al seleccionar los proveedores.

13. ¿A quién se aplica la Guía de Buenas Prácticas de Manipulación?

a) A la Administración.
b) A todos los profesionales implicados.
c) Al personal sanitario.
d) Al consumidor.

14. ¿Durante cuánto tiempo como mínimo deben archivarse los Planes Generales de Higiene (PGH)?

a) Anualmente.
b) Por un periodo de dos años.
c) Cada cocina establece su tiempo.
d) No hace falta archivarlos, es un documento vivo.

15. ¿Qué medidas garantizarán el abastecimiento de agua potable en cocina?

a) Pozos.
b) Descalcificadores en todas las entradas de agua.
c) Instalaciones disponibles y dispositivos que eviten la contaminación de agua.
d) Todas las respuestas son ciertas.

16. ¿Para qué se identifican los lotes?

a) Para que la etiqueta se reconozca.
b) Para tener una referencia para los pedidos.
c) Para asociar cada lote a los controles y registros.
d) Para conocer los datos del proveedor.

17. Entre los PGH mínimos que deben estar implantados en un Servicio de alimentación, se encuentran:

a) Plan de limpieza y desinfección.
b) Plan de eliminación de residuos y aguas residuales.
c) Plan de control de proveedores.
d) Todas las respuestas previas son correctas.

18. ¿Qué es un sistema de gestión de la calidad?

a) Es una estructura operacional que forma parte del sistema de autocontrol de las instituciones sanitarias. Su utilización es voluntaria pero ayuda a garantizar el cumplimiento del autocontrol basado en el sistema APPCC.
b) Es una política de compras basada en el enfrentamiento de muchos proveedores es un error. Es preferible tener pocos proveedores que estén integrados en los planes de la empresa.
c) Es una estructura operacional de trabajo, bien documentada e integrada a los procedimientos técnicos y gerenciales, para guiar las acciones de la fuerza de trabajo, la maquinaria o equipos, y la información de la organización de manera práctica y coordinada y que asegure la satisfacción del cliente y bajos costos para la calidad.
d) Se definen como el conjunto de programas y actividades preventivas básicas, a desarrollar en todas las empresas alimentarias para la consecución de la seguridad alimentaria.

19. Señala la respuesta incorrecta. Una organización debe tomar en cuenta la siguiente estructura:

a) Estrategias.
b) Objetivos.
c) Procesos.
d) Estructura organizacional.

20. El término calidad es un concepto complejo en el que se contempla:

a) La satisfacción de las necesidades del consumidor.
b) Exigencia del consumidor.
c) Gustos del consumidor.
d) Ninguna de las anteriores.

21. La ISO es una red de los institutos de normas nacionales de 160 países cuya central está en:

a) Ginebra, que coordina todo el sistema.
b) Alemania, que coordina todo el sistema.
c) Milán, que coordina todo el sistema.
d) España, que coordina todo el sistema.

22. ISO significa:

a) *International Society for Standardization.*
b) *International Organization for Standardization.*
c) *International Organization for Standard.*
d) *International Standardization for Organization.*

23. Constituye el modelo para el aseguramiento de la calidad en la producción, la instalación y el servicio postventa:

a) ISO 9001.
b) ISO 9002.
c) ISO 9003.
d) ISO 9004.

24. La familia de normas ISO 9000 se divide en:

a) Cuatro.
b) Dos.
c) Tres.
d) Cinco.

25. La ISO 9000:2005 contiene:

a) Guía para la gestión del éxito sostenido.
b) Requisitos para un SGN.
c) Fundamentos y vocabulario.
d) Norma certificable.

26. La base del sistema de gestión de la calidad que es una norma internacional y que se centra en todos los elementos de administración de calidad con los que una empresa debe contar para tener un sistema efectivo que le permita administrar y mejorar la calidad de sus productos o servicios es la ISO:

a) 9001:2008.
b) 9001.
c) 900:2005.
d) 9000.

27. La familia de normas ISO 9000 se basa en principios. Indica cuántos:

a) Cinco.
b) Siete.
c) Nueve.
d) Ocho.

28. La metodología PHVA para la gestión de los procesos se basa en:

a) Planear y Actuar.
b) Actuar, Planear y Verificar.
c) Verificar, Hacer y Planear.
d) Hacer, Planificar, Verificar, Actuar.

29. Señala la respuesta incorrecta. Entre los beneficios de un Sistema de Gestión de la Calidad se encuentra:

a) Reducir variabilidad en los procesos.
b) Mayor rentabilidad.
c) Aumentar la satisfacción de los trabajadores.
d) Reducir costes y desperdicios.

30. Las herramientas clave para verificar y evaluar las actividades relacionadas con la calidad en una empresa son:

a) Las evaluaciones periódicas.
b) Las auditorías.
c) Las encuestas realizadas.
d) Los controles periódicos realizados mensualmente.

31. ¿Quién puede pedir iniciar una auditoría?

a) La Administración (como una medida más dentro del proceso de homologación de un producto).
b) Un cliente.
c) La propia empresa.
d) Todas las anteriores son correctas.

32. La parte de la función de la gestión empresarial que define e implanta la política de la calidad es:

a) Gestión de la calidad.
b) Control de la calidad.
c) Control estadístico de la calidad.
d) Aseguramiento o garantía de la calidad.

33. El Aseguramiento de la Calidad, para ser efectivo, requiere:

a) Una evaluación continua de los factores que afectan a la calidad.
b) Auditorías periódicas.
c) Una evaluación anual de los factores que afectan a la calidad.
d) Una evaluación continua de los factores que afectan a la calidad y auditorías periódicas.

34. ¿Qué ISO constituye el modelo para el aseguramiento de la calidad en la inspección y los ensayos finales?

a) 9001.
b) 9002.
c) 9003.
d) 9008.

35. ¿En qué parte de la metodología PHVA se "implementa el plan"?

a) Planear.
b) Hacer.
c) Verificar.
d) Actuar.

36. Señala la respuesta incorrecta. Un SGC:

a) Aumenta la satisfacción de los clientes.
b) Reduce variabilidad en los procesos.
c) Tiene menor rentabilidad.
d) Reduce costes y desperdicios.

37. Señala la respuesta incorrecta. La organización debe:

a) Determinar los procesos necesarios para el sistema de gestión de la calidad y su aplicación a través de la organización.
b) Determinar los criterios y los métodos necesarios para asegurarse de que tanto la operación como el control de estos procesos sean ineficaces.
c) Asegurarse de la disponibilidad de recursos e información necesarios para apoyar la operación y el seguimiento de estos procesos.
d) Realizar el seguimiento, la medición cuando sea aplicable y el análisis de estos procesos.

38. ¿A quién le corresponde proporcionar formación o tomar otras acciones para lograr la competencia necesaria de los trabajadores?

a) Al propio trabajador.
b) A la organización.

c) A la entidad privada contratada.
d) A ninguno de los anteriores.

39. El término "ambiente de trabajo" está relacionado con aquellas condiciones bajo las cuales se realiza el trabajo, incluyendo factores como:

a) Físicos y ambientales.
b) El ruido, la temperatura.
c) La humedad, la iluminación o las condiciones climáticas.
d) Todos los anteriores.

40. ¿Qué afirmación es cierta sobre la calidad externa?

a) Es la calidad percibida por el cliente.
b) Es un concepto subjetivo y variable.
c) Es la capacidad de un producto para satisfacer las necesidades y cumplir las expectativas que el cliente tiene.
d) Todas las afirmaciones anteriores son ciertas.

41. ¿Qué características debe tener un sistema de calidad?

a) Proyecto a corto plazo.
b) Rígido.
c) Dinámico.
d) Todas las respuestas son correctas.

42. ¿En qué se basa el modelo de excelencia empresarial EFQM?

a) En la autoevaluación de la empresa para garantizar el cumplimiento de determinados criterios.
b) En un sistema de calidad no específico de turismo, que se puede aplicar a cualquier empresa independientemente de su actividad económica.
c) El Sistema de Calidad Turístico Español fue desarrollado por el Instituto para la Calidad Turística Española.
d) Todas las respuestas son correctas.

43. ¿Cuál es el primer paso para la mejora continua de la calidad?

a) Planificación.
b) Acción.
c) Verificación.
d) Corrección.

44. ¿En qué fase se utilizan los mecanismos de control y evaluación?

a) Planificación.
b) Acción.

c) Verificación.
d) Corrección.

45. ¿Cuál de los siguientes es un instrumento de recogida de datos?

a) Manual de calidad.
b) Encuesta.
c) Manual de procedimientos.
d) Indicadores de calidad.

46. ¿Qué son los indicadores de calidad?

a) Los criterios mínimos que se deben debe cumplir a lo largo del proceso y en el producto final.
b) Describe la manera de proceder o actuar en cada una de las fases.
c) Documento en el que se dan las pautas para la implantación y desarrollo de un procedimiento de calidad.
d) Todas las respuestas son correctas.

47. ¿Qué afirmación es correcta sobre la aplicación de técnicas de autocontrol?

a) Es imprescindible para la implantación de un sistema de calidad.
b) Lleva aparejado la necesidad de implicación de todos los trabajadores.
c) Sólo estarán implicados los mandos intermedios y superiores.
d) Son correctas las respuestas a) y b).

48. ¿Cómo se evitará la subjetividad en la valoración de un proceso?

a) Manteniendo siempre como observador a la misma persona.
b) Con inspecciones sucesivas y periódicas.
c) Con sistemas de información eficaces.
d) Ninguna respuesta es correcta.

Solución al test n.º 6

1. b) Identificar, valorar y controlar los peligros sanitarios e higiénicos asociados al conjunto y a cada una de las fases de la cadena alimentaria.

2. d) Siete principios.

3. d) Todas las respuestas son correctas.

4. d) Las opciones a) y c) son correctas.

5. a) Mostrar las incidencias ocurridas, la toma de decisiones y comprobar si el sistema está funcionado con eficacia.

6. a) La posibilidad de encontrar y seguir el rastro, a través de todas las etapas de la producción, transformación y distribución de un alimento.

7. b) Trazabilidad de proceso.

8. a) Una persona o cargo específico de la empresa.

9. a) Asegurar que el estado de limpieza y desinfección de locales, equipos y útiles de la empresa alimentaria, previenen cualquier posibilidad de contaminación.

10. b) Con fichas normalizadas que contengan todos los datos e información requerida.

11. d) Todos los anteriores.

12. b) Cuando en los resultados obtenidos del sistema de vigilancia se detecten desviaciones.

13. b) A todos los profesionales implicados.

14. b) Por un periodo de dos años.

15. c) Instalaciones disponibles y dispositivos que eviten la contaminación de agua.

16. c) Para asociar cada lote a los controles y registros.

17. d) Todas las respuestas previas son correctas.

18. c) Es una estructura operacional de trabajo, bien documentada e integrada a los procedimientos técnicos y gerenciales, para guiar las acciones de la fuerza de trabajo, la maquinaria o equipos, y la información de la organización de manera práctica y coordinada y que asegure la satisfacción del cliente y bajos costos para la calidad.

19. b) Objetivos.

20. a) La satisfacción de las necesidades del consumidor.

21. a) Ginebra, que coordina todo el sistema.

22. b) International Organization for Standardization.

23. b) ISO 9002.

24. c) Tres.

25. c) Fundamentos y vocabulario.

26. a) 9001:2008.

27. d) Ocho.

28. d) Hacer, Planificar, Verificar, Actuar.

29. c) Aumentar la satisfacción de los trabajadores.

30. b) Las auditorías.

31. d) Todas las anteriores son correctas.

32. a) Gestión de la calidad.

33. d) Una evaluación continua de los factores que afectan a la calidad y auditorías periódicas.

34. c) 9003.

35. b) Hacer.

36. c) Tiene menor rentabilidad.

37. b) Determinar los criterios y los métodos necesarios para asegurarse de que tanto la operación como el control de estos procesos sean ineficaces.

38. b) A la organización.

39. d) Todas las anteriores.

40. d) Todas las afirmaciones anteriores son ciertas.

41. c) Dinámico.

42. a) En la autoevaluación de la empresa para garantizar el cumplimiento de determinados criterios.

43. a) Planificación.

44. c) Verificación.

45. b) Encuesta.

46. a) Los criterios mínimos que se deben debe cumplir a lo largo del proceso y en el producto final.

47. d) Son correctas las respuestas a) y b).

48. b) Con inspecciones periódicas.

TEST N.º 7

Los alimentos. Clasificación y características de los diferentes tipos de alimentos. Clasificación de dietas: conceptos básicos. La dieta equilibrada. Ley 17/2011, de 5 de julio, se seguridad alimentaria y nutrición: Capítulo VII: Artículo 36: Alimentación saludable, actividad física y prevención de la obesidad (NAOS)

1. De los siguientes productos, ¿cuáles no son derivados de la leche?

a) Nata y mantequilla.
b) Queso y requesón.
c) Sueros lácteos.
d) Cafeína.

2. Señala cuál de las siguientes afirmaciones es correcta:

a) La canal incluye la carne y todas las vísceras del animal.
b) Los derivados cárnicos son productos alimenticios preparados total o parcialmente con carnes o despojos sometidos a operaciones específicas.
c) Los productos tales como solomillo, entrecot, bistec, chuletas, etc., se consideran derivados cárnicos.
d) Todas las respuestas anteriores son correctas.

3. El Código Alimentario Español, dentro del grupo de "pescados", incluye los siguientes:

a) Aquellos animales que viven en el agua y son comestibles.
b) Exclusivamente a los vertebrados marinos.
c) Exclusivamente a los vertebrados de agua dulce.
d) Todos excepto las ballenas, por ser mamíferos.

4. ¿Cuál de las siguientes afirmaciones es falsa?

a) El pescado tiene menos grasas saturadas y menos colesterol que algunas carnes.
b) El pescado azul tiene mayor valor calórico que el blanco.

c) El pescado fresco tiene mayor valor nutritivo que el congelado.

d) Todas son falsas.

5. ¿Cuándo se considera que un huevo es fresco?

a) Cuando se mantiene en cámaras a temperatura no superior a 4 ºC durante un tiempo inferior a 30 días.

b) Cuando está conservado por encima de 0 ºC durante una semana como máximo.

c) Sólo se considera fresco el huevo recién puesto.

d) Cuando no ha sido refrigerado ni conservado por ningún método.

6. Un huevo que ha sido incubado se dice que es un huevo:

a) Fresco.

b) Defectuoso.

c) Averiado.

d) Podrido.

7. ¿Qué tipo de alimento son las habas?

a) Frutos.

b) Legumbres.

c) Bulbos.

d) Frutas.

8. ¿Cómo se denomina el tocino entreverado que ha sido sometido a operaciones de ahumado, salazón o adobo?

a) Panceta.

b) Bacón.

c) Papada.

d) Lomo.

9. ¿Qué tipo de aditivo es el E-122 carmoisina?

a) Potenciador del sabor.

b) Conservante.

c) Colorante.

d) Espesante.

10. ¿Qué tratamiento recibirá la leche destinada para el consumo de colectividades?

a) Ninguno, porque la leche cruda es muy nutritiva.

b) Debe recibir algún tratamiento térmico.

c) Será siempre leche especial sin tratar.

d) Todas las respuestas son correctas.

11. ¿Cómo se denomina la leche modificada por acción microbiana?

a) Leche enriquecida.
b) Leche desnatada.
c) Leche fermentada.
d) Leche adicionada de aromas.

12. Señala cuál de las siguientes afirmaciones es correcta:

a) La leche esterilizada es leche natural, sometida a un proceso tecnológico tal, que asegure la destrucción de los microorganismos y la inactivad de sus formas de resistencia.
b) La leche evaporada es leche esterilizada a la que se le añade agua.
c) Leche condensada es la leche higienizada y concentrada por eliminación de agua, sin añadirle azúcares.
d) Leche en polvo es aquella que se congela y posteriormente se tritura.

13. Según su composición podemos decir que hay natas de los siguientes tipos:

a) Batidas o montadas.
b) De vaca, oveja o cabra.
c) Doble nata, delgada o ligera.
d) Todas son correctas.

14. ¿Qué es la caseína?

a) Líquido formado por parte de los componentes de la leche.
b) Es el principal componente proteico de la leche.
c) Producto obtenido precipitando las proteínas en medio ácido, por el calor.
d) Ninguna es correcta.

15. ¿Cómo se denomina al pollo castrado y bien cebado?

a) Gallina.
b) Pichón.
c) Capón.
d) Lechón.

16. Si un huevo tiene la clara de color verdoso, ¿qué le ocurre?

a) Se desechará.
b) Está defectuoso.
c) Es un huevo de oca.
d) Está en perfectas condiciones.

17. ¿Cuáles de las siguientes hortalizas son bulbos?

a) Berenjena, guindilla, pimiento.
b) Ajo, cebolla y puerro.
c) Ajo, guisante y lombarda.
d) Berenjena, cebolleta y berro.

18. ¿Qué tipo de alimento es la patata?

a) Un bulbo.
b) Una legumbre.
c) Un fruto.
d) Un tubérculo.

19. ¿Qué grupo de alimentos es el más rico en lípidos?

a) Aceites y grasas.
b) Verduras y hortalizas.
c) Carnes.
d) Pescados.

20. Según el Código Alimentario Español, ¿en qué grupo de alimentos se incluye al tomate?

a) Verduras.
b) Hortalizas.
c) Frutas carnosas.
d) Frutos oleaginosos.

21. ¿Qué es un producto sucedáneo?

a) Todo producto que tiene un sabor distinto al esperado.
b) Todo producto que sustituye un alimento por otro, sin que el consumidor lo note.
c) Todo producto que, sin fines engañosos o fraudulentos, pretenda sustituir en todo o en parte a un alimento.
d) Producto esencial en la dieta.

22. ¿A qué tipo de tratamiento habrá sido sometida una leche concentrada?

a) Eliminación de agua.
b) Eliminación de grasa.
c) Adición de nutrientes.
d) Adición de estimulantes.

23. ¿Cuál de los siguientes es un encurtido?

a) Carne de lomo macerada y ahumada.
b) Anchoas saldas.
c) Coliflor y zanahoria curadas en salmuera, y conservadas en vinagre y sal.
d) Beicon.

24. ¿Qué peso tienen los huevos de tamaño L?

a) 43-53 g.
b) 53-63 g.
c) 63-73 g.
d) 73-83 g.

25. Según el Código Alimentario Español, ¿cómo se clasifican el tirabeque?

a) Legumbre verde.
b) Legumbre seca.
c) Tallo.
d) Fruto.

26. ¿Qué características fruta confitada?

a) La acidez total excederá el 14 %.
b) La acidez total no excederá el 14 %.
c) No podrá contener sal.
d) Es el producto obtenido por la cocción reiterada de los frutos en jarabes.

27. La denominación genérica de leche se aplica a:

a) La leche de oveja.
b) La leche de vaca.
c) La leche de cabra.
d) La leche de burra.

28. ¿Cuál de los siguientes alimentos es un embutido de carne?

a) Chorizo.
b) Salchicha.
c) Salchichón.
d) Todas son correctas.

29. ¿Cuál de los siguientes alimentos se considera un derivado de la carne?

a) Babilla.
b) Tapa.

c) Tocino.
d) Patas.

30. La doble nata contiene:

a) Un 18 % en peso de grasa.
b) Un 50 % en peso de grasa.
c) Un 30 % en peso de grasa.
d) Un mínimo de un 70 % en peso de grasa.

31. ¿Cuál de los siguientes pertenece a la espacie de Bóvido?

a) Novillo.
b) Buey.
c) Ternera.
d) Todos los anteriores.

32. Las hortalizas destinadas al consumo fresco deben:

a) Estar recién recolectadas.
b) Estar exentas de artrópodos.
c) Estar exentas de lesiones o traumatismos.
d) Todas las anteriores.

33. ¿Cómo se denomina la grasa que procede del fruto del cocotero adecuadamente refinado de consistencia pastosa, o fluida, según la temperatura ambiente, de color blanco o de marfil?

a) Manteca de palma.
b) Manteca de cacao comestible.
c) Manteca de coco.
d) Aceite de palmiste.

34. La manteca en rama o en pella:

a) Es el producto obtenido por fusión de las grasas de depósito del ganado vacuno sacrificado en perfectas condiciones sanitarias.
b) Es la grasa que recubre los riñones del cerdo, mesenterios y epiplones, extraída directamente del animal.
c) Es la grasa obtenida calentando las grasas del cerdo a una temperatura máxima de 80 grados centígrados y depositados luego en moldes de los que toma su forma al enfriarse.
d) Es la grasa procedente de trozos de grasa recogida en el despiece y recortes, sometidos a la acción directa del vapor de agua.

35. ¿Qué es falso sobre el cuajo?

a) En su elaboración se permite la adición de manteca de cerdo.
b) En su elaboración se permite la adición de sal.
c) Se obtiene del ganado porcino.
d) Es un derivado de las grasas.

36. ¿Qué son los aditivos alimentarios?

a) Sustancias que se añaden a los alimentos, de manera intencionada, con el objetivo de modificar o mejorar sus cualidades.
b) Sustancias que se añaden a los alimentos, de manera intencionada, sin que se modifiquen sus cualidades.
c) Sustancias presentes en el alimento de manera accidental.
d) Son los principales ingredientes de cualquier alimento conservado.

37. ¿Qué son los alimentos de primera gama?

a) Alimentos crudos.
b) Alimentos conservados.
c) Productos congelados no cocinados.
d) Productos limpios precocinados y envasados.

38. ¿Qué son los alimentos se cuarta gama?

a) Alimentos conservados.
b) Productos congelados no cocinados.
c) Productos limpios y envasados.
d) Productos crudos.

39. ¿A qué gama pertenecen los alimentos totalmente preparados, cocinados, envasados al vacío y refrigerados?

a) Segunda.
b) Tercera.
c) Cuarta.
d) Quinta.

40. ¿A qué gama pertenece el pescado congelado, que no ha sido cocinado previamente?

a) 1.
b) 2.
c) 3.
d) 4.

41. ¿A qué gama pertenece una ensalada envasada en atmósfera controlada?

a) Primera gama.
b) Segunda gama.
c) Cuarta gama.
d) Quinta gama.

42. Unos melocotones se comercializan en un envase de cartón cubierto por un material plástico sobre el que hay unas pequeñas perforaciones. ¿A qué gama de alimentos pertenece este producto?

a) Primera gama.
b) Segunda gama.
c) Tercera gama.
d) Cuarta gama.

43. ¿Cuál de los siguientes tipos de pescados es el más rico en grasa?

a) Blanco.
b) Ahumado.
c) Azul.
d) Crudo.

44. ¿Cuál de las siguientes características indican que un pescado blanco es fresco?

a) Branquias de color vivo, sin mucosidad.
b) Ojos convexos y opacos.
c) Carne de consistencia blanda.
d) Todas las respuestas son correctas.

45. Indica la respuesta incorrecta sobre el marisco congelado:

a) Debe conservarse a -23 ºC.
b) Presentarán al corte una carne compacta.
c) Al descongelarlo presentarán el aspecto, la consistencia y el olor de los frescos.
d) Todas las respuestas son incorrectas.

46. ¿De dónde se obtiene el azúcar?

a) De la remolacha.
b) De la caña.
c) De la fruta.
d) Las respuestas a) y b) son correctas.

47. ¿Qué es el salvado?

a) Son cereales a los que tan solo se les ha quitado la cáscara.
b) Cáscara del grano de cereal desmenuzada por la molienda.

c) Parte de la semilla de la que nacerá los brotes de la nueva planta.
d) Cereales cocidos al vapor y aplanados.

48. ¿Qué es el altramuz?

a) Un cereal.
b) Una legumbre
c) Una hortaliza.
d) Un animal.

49. Es una función de los aditivos:

a) Mantener la disponibilidad de alimentos fuera de temporada.
b) Contribuir a la conservación.
c) Mejorar la aceptación del consumidor.
d) Todas son correctas.

50. ¿Qué ventaja tiene el uso de aditivos?

a) Preserva la calidad nutricional.
b) Disminuye la estabilidad de conservación.
c) Cambia sus propiedades organolépticas, llevando a error al consumidor.
d) Todas las respuestas son correctas.

51. ¿Qué aceite tiene una acidez libre máxima, en ácido oleico, de 2 g por 100 g?

a) Aceite de oliva extra.
b) Aceite de oliva virgen.
c) Aceite de oliva lampante.
d) Ninguno.

52. ¿De qué parte se obtiene el aceite de soja?

a) De la flor.
b) De la raíz.
c) De la semilla.
d) Del tallo.

53. ¿Cuál de las siguientes no es una característica de frescura de los crustáceos?

a) Caparazón brillante.
b) Facilidad para separar la cabeza del abdomen.
c) Carne elástica.
d) Olor agradable a mar.

54. ¿Cómo se denomina al cerdo macho dedicado a la reproducción?

a) Verraco.
b) Tostón.
c) Lechal
d) Ibérico.

55. ¿Qué animal es una pintada?

a) Una paloma.
b) Un ave.
c) Un Ánsar.
d) Todas son correctas.

56. Son ricos en hidratos de carbono:

a) Marisco.
b) Patatas.
c) Carnes.
d) Pescado.

57. Pertenece al grupo de los alimentos energéticos:

a) Carne.
b) Yogur.
c) Verduras.
d) Ninguno de los anteriores.

58. Los alimentos incluidos en el grupo de las frutas, verduras y hortalizas aportan al organismo humano, como nutrientes más significativos:

a) Vitaminas y sales minerales.
b) Lípidos.
c) Hidratos de carbono.
d) Proteínas.

59. Las carnes, pescados y huevos aportan al organismo, de manera principal:

a) Vitaminas.
b) Oligoelementos.
c) Proteínas.
d) Grasas.

60. Está en el grupo de los alimentos plásticos:

a) La leche y sus derivados.
b) Huevos.

c) Carne y pescado.
d) Todos.

61. Pertenecen al grupo de los alimentos energéticos:

a) Aceites.
b) Azúcares.
c) Cereales y legumbres.
d) Todos.

62. ¿Cuál es la principal función de las grasas en el organismo?

a) Reserva energética.
b) Aceleran la velocidad de las reacciones metabólicas.
c) Forman todos los tejidos del cuerpo.
d) Todas son correctas.

63. ¿Qué vitamina es fundamental para la visión?

a) A.
b) B.
c) C.
d) D.

64. ¿Qué enfermedad puede ser causada por insuficiencia de vitamina D?

a) Caries.
b) Enfermedades cardiovasculares.
c) Raquitismo.
d) Escorbuto.

65. ¿Qué es la riboflavina?

a) Una proteína.
b) Vitamina B2.
c) Vitamina E.
d) Una parte de las grasas.

66. ¿Por qué se produce el escorbuto?

a) Por exceso de vitamina C en la dieta.
b) Por una dieta deficitaria en vitamina C.
c) Por exceso de vitamina D en la dieta.
d) Por falta de vitamina D.

67. ¿Qué propiedades tiene la vitamina E?

a) Antioxidante.
b) Antirraquítica.
c) Coagulante.
d) Todas son correctas.

68. Indica la respuesta correcta:

a) Los minerales proporcionan energía.
b) Los minerales forman parte de los huesos y dientes.
c) El magnesio es un mineral.
d) Las opciones b) y c) son correctas.

69. ¿Cuál de las siguientes afirmaciones no es correcta?

a) En una dieta hipocalórica se ingieren menos calorías.
b) En una dieta hipocalórica no se reduce el aporte de vitaminas.
c) En una dieta hipocalórica se reduce el aporte de minerales.
d) La dieta hipocalórica es recomendada contra la obesidad.

70. ¿Cuándo se puede hablar de déficit nutricional?

a) Cuando la cantidad de nutrientes y proporción de los mismos es equilibrada.
b) Cuando el aporte energético diario responde a los requerimientos de cada individuo.
c) Cuando el aporte de algún nutriente no es suficiente.
d) Todas las respuestas son correctas.

71. Si con la dieta se obtiene diariamente menos energía de la que se necesita, ¿qué ocurre?

a) El organismo obtiene más energía de las reservas almacenadas en forma de proteínas.
b) El organismo obtiene más energía de las reservas almacenadas en forma de grasas.
c) El organismo funciona con menos energía.
d) La dieta siempre aporta energía suficiente.

72. ¿Cuál de los siguientes productos contienen azúcares de absorción rápida?

a) Cereales.
b) Patatas.
c) Naranja.
d) Pasteles.

73. ¿Qué grasas son menos recomendables en la dieta?

a) Saturadas.
b) Insaturadas.

c) Sólidas.
d) Todas las grasas son del mismo tipo.

74. ¿Qué es el ácido fólico?

a) Vitamina B6.
b) Vitamina C.
c) Vitamina B9.
d) Un mineral.

75. ¿Qué requisitos debe cumplir la dieta?

a) Aportar suficiente energía.
b) Ser equilibrada.
c) Debe contener todos los nutrientes.
d) Todas las respuestas son correctas.

76. ¿En cuál de estas dietas está reducido el uso de sal?

a) Hipocalórica.
b) Hiposódica.
c) Hipoproteica.
d) Progresiva.

77. ¿Qué representa la pirámide de los alimentos en su base?

a) Alimentos de consumo frecuente.
b) Alimentos y bebidas para los que se recomienda un consumo opcional, más ocasional y moderado.
c) Actividad física y equilibrio emocional entre otros.
d) Todas las respuestas son correctas.

78. ¿Qué objetivos tiene la Ley de seguridad alimentaria y nutrición?

a) Flexibilización de requisitos para las Empresas de comercio al por menor.
b) Prevención de la obesidad.
c) Obligatoriedad de declarar la presencia de alérgenos en los alimentos.
d) Todas las respuestas son correctas.

79. ¿En qué artículo de la Ley 17/2011, de 5 de julio de seguridad alimentaria y nutrición, se aborda la Estrategia NAOS?

a) 20.
b) 36.
c) 45.
d) 50.

80. ¿Qué tipo de objetivos establece la estrategia NAOS?

a) Nutricionales.
b) Actividad física.
c) Económicos.
d) Las opciones a) y b) son correctas.

81. La estrategia NAOS se dirige a todas las etapas de la vida, pero ¿a cuál en especial?

a) Infancia y adolescencia.
b) Adultos.
c) Personas mayores.
d) Mujeres

82. ¿Qué función tienen el Observatorio de la Nutrición y de Estudio de la Obesidad?

a) Recabar información sobre los hábitos alimentarios, de actividad física, prevalencia de sobrepeso y obesidad.
b) Realizar seguimiento médico de las personas con obesidad.
c) Detectar los niveles de glucosa en los alimentos especialmente destinados a los niños y adolescentes.
d) Organizar actividades deportivas.

83. ¿Qué periodicidad tienen los premios NAOS?

a) Anual.
b) Bianual.
c) Trimestra.
d) Quinquenal.

84. ¿Qué actuaciones acordes con la estrategia NAOS se enfocarían al ámbito familiar?

a) Sensibilización sobre el impacto positivo de la alimentación equilibrada y la práctica regular de actividad física.
b) Recomendación a las empresas alimentarias de ofrecer productos con menos cantidad de sal.
c) Formación para la detección del sobrepeso y la obesidad.
d) La estrategia NAOS no propone actuaciones en el ámbito familiar.

Solución al test n.º 7

1. d) Cafeína.

2. b) Los derivados cárnicos son productos alimenticios preparados total o parcial-mente con carnes o despojos sometidos a operaciones específicas.

3. a) Aquellos animales que viven en el agua y son comestibles.

4. c) El pescado fresco tiene mayor valor nutritivo que el congelado.

5. d) Cuando no ha sido refrigerado ni conservado por ningún método.

6. c) Averiado.

7. b) Legumbres.

8. b) Bacón.

9. c) Colorante.

10. b) Debe recibir algún tratamiento térmico.

11. c) Leche fermentada.

12. a) La leche esterilizada es leche natural, sometida a un proceso tecnológico tal, que asegure la destrucción de los microorganismos y la inactividad de sus formas de resistencia.

13. c) Doble nata, delgada o ligera.

14. b) Es el principal componente proteico de la leche.

15. c) Capón.

16. a) Se desechará.

17. b) Ajo, cebolla y puerro.

18. d) Un tubérculo.

19. a) Aceites y grasas.

20. c) Frutas carnosas.

21. c) Todo producto que, sin fines engañosos o fraudulentos, pretenda sustituir en todo o en parte a un alimento.

22. a) Eliminación de agua.

23. c) Coliflor y zanahoria curadas en salmuera, y conservadas en vinagre y sal.

24. c) 63-73 g.

25. a) Legumbre verde.

26. d) Es el producto obtenido por la cocción reiterada de los frutos en jarabes.

27. b) La leche de vaca.

28. d) Todas son correctas.

29. c) Tocino.

30. b) Un 50 % en peso de grasa.

31. d) Todos los anteriores.

32. d) Todas las anteriores.

33. c) Manteca de coco.

34. b) Es la grasa que recubre los riñones del cerdo, mesenterios y epiplones, extraída directamente del animal.

35. b) En su elaboración se permite la adición de sal.

36. a) Sustancias que se añaden a los alimentos, de manera intencionada, con el objetivo de modificar o mejorar sus cualidades.

37. a) Alimentos crudos.

38. c) Productos limpios y envasados.

39. d) Quinta.

40. c) 3.

41. c) Cuarta gama.

42. a) Primera gama.

43. c) Azul.

44. a) Branquias de color vivo, sin mucosidad.

45. d) Todas las respuestas son incorrectas.

46. d) Las respuestas a) y b) son correctas.

47. b) Cáscara del grano de cereal desmenuzada por la molienda.

48. b) Una legumbre.

49. d) Todas son correctas.

50. a) Preserva la calidad nutricional.

51. b) Aceite de oliva virgen.

52. c) De la semilla.

53. b) Facilidad para separar la cabeza del abdomen.

54. a) Verraco.

55. b) Un ave.

56. b) Patatas.

57. d) Ninguno de los anteriores.

58. a) Vitaminas y sales minerales.

59. c) Proteínas.

60. d) Todos.

61. d) Todos.

62. a) Reserva energética.

63. a) A.

64. c) Raquitismo.

65. b) Vitamina B2.

66. b) Por una dieta deficitaria en vitamina C.

67. a) Antioxidante.

68. d) Las opciones b) y c) son correctas.

69. c) En una dieta hipocalórica se reduce el aporte de minerales.

70. c) Cuando el aporte de algún nutriente no es suficiente.

71. b) El organismo obtiene más energía de las reservas almacenadas en forma de grasas.

72. d) Pasteles.

73. a) Saturadas.

74. c) Vitamina B9.

75. d) Todas las respuestas son correctas.

76. b) Hiposódica.

77. c) Actividad física y equilibrio emocional entre otros.

78. b) Prevención de la obesidad.

79. b) 36.

80. d) Las opciones a) y b) son correctas.

81. a) Infancia y adolescencia.

82. a) Recabar información sobre los hábitos alimentarios, de actividad física, prevalencia de sobrepeso y obesidad.

83. a) Anual.

84. a) Sensibilización sobre el impacto positivo de la alimentación equilibrada y la práctica regular de actividad física.

TEST N.º 8

Riegos para la salud derivados de la manipulación de alimentos. Alteraciones de los alimentos. Contaminación de los alimentos. Medios de transmisión de los gérmenes. Condiciones que favorecen su desarrollo. Enfermedades originadas por alimentos contaminados. Muestras testigo

1. ¿Qué puede ocurrir cuando el alimento es contaminado por microorganismos y tiene cambios en sus características organolépticas?

a) Probablemente sea rechazado antes de su consumo.
b) Hay mayor riesgo.
c) La contaminación es más grave.
d) Es salmonelosis.

2. ¿Cómo se denominan las sustancias tóxicas producidas por microorganismos en los alimentos?

a) Proteínas.
b) Microbicinas.
c) Toxinas.
d) Intoxicaciones.

3. Uno de los factores que influyen en el desarrollo de las enfermedades de transmisión alimentaria es:

a) Contaminación cruzada entre productos crudos y cocinados.
b) Cocción insuficiente de los alimentos.
c) Mantener los alimentos a temperatura ambiente en lugar del refrigerador.
d) Todas son correctas.

4. Ante una infección o intoxicación alimentaria, se debe:

a) Comunicarlo de inmediato a la autoridad sanitaria competente.
b) Tratar de recordar y anotar la relación de menús y alimentos. Consumidos por el grupo de personas afectadas, así como la fecha y el lugar donde se adquirieron.

c) Conservar aislados y refrigerados del resto de alimentos, ya que su análisis puede ser decisivo a la hora de encontrar la causa del problema.

d) Todas son correctas.

5. ¿Cómo se denominan las enfermedades alimentarias debidas a la toxina de un microorganismo?

a) Infecciones alimentarias.

b) Intoxicaciones alimentarias.

c) Toxiinfecciones alimentarias.

d) Enfermedades metabólicas.

6. ¿En qué caso es más elevada la aparición de toxiinfecciones alimentarias?

a) Paisas desarrollados.

b) Invierno.

c) Verano.

d) No hay variaciones.

7. ¿Quién tiene mayor riesgo de padecer los síntomas de una toxiinfección alimentaria?

a) Ancianos.

b) Adultos sanos.

c) Mujeres.

d) Todos estos colectivos de población tienen el mismo riesgo.

8. ¿Qué modificaciones físicas pueden sufrir los alimentos como consecuencia de alteraciones provocadas por microorganismos?

a) En la consistencia.

b) En la composición.

c) En la acidez.

d) En la formación de gases.

9. ¿Qué tipo de alimento es el arroz?

a) Perecedero.

b) Semiperecedero.

c) No perecedero.

d) Inestable.

10. ¿Qué condiciones favorecen el desarrollo de microorganismos en el alimento?

a) Composición del alimento.

b) Contenido en agua.

c) Temperatura.
d) Todas estas condiciones influyen.

11. ¿A qué temperatura mueren la mayoría de los microorganismos?

a) A -18 ºC.
b) A 50 ºC.
c) A 65 ºC.
d) A 100 ºC.

12. ¿Por qué sobre el limón no crecen muchos microorganismos?

a) Por su acidez.
b) Por su escaso contenido en agua.
c) Por la falta de nutrientes.
d) Por la temperatura de conservación.

13. ¿Qué es un contaminante?

a) Microorganismos que se añaden al yogur para que fermente.
b) Aditivos autorizados.
c) Elementos que se incorporan de manera involuntaria al alimento, y que pueden tener consecuencias negativas sobre la salud del consumidor.
d) Todas las respuestas son correctas.

14. ¿Cuál/es de las siguientes son bacterias?

a) *Clostridium*.
b) *Brucella*.
c) *Escherichia coli*.
d) Todas las anteriores.

15. ¿Cuáles de los siguientes son parásitos?

a) Salmonella, Clostridium y Vibrio.
b) Hepatitis, Norwalk y Virus de la encelopatía espongiforme bovina.
c) Triquina, Anisakis y protozoos.
d) Todas las respuestas son correctas.

16. ¿En qué alimentos es más fácil la contaminación bacteriana?

a) Aceite.
b) Azúcar.
c) Leche.
d) Harina.

17. ¿Qué son las bacterias anaerobias?

a) Las que necesitan oxígeno para vivir.
b) Las que viven en ausencia de oxígeno.
c) Las que permanecen latentes en condiciones adversas.
d) Ninguna respuesta es correcta.

18. ¿En qué condiciones se desarrolla la bacteria Salmonella?

a) A temperatura ambiente.
b) En la carne picada.
c) En la leche sin pasteurizar.
d) Todas las respuestas indican condiciones adecuadas para el desarrollo de la bacteria.

19. ¿Cómo se destruye el *Clostridium botulinum*?

a) Por congelación.
b) A 65 ºC en el centro del producto.
c) A 120 ºC durante 20 minutos.
d) No se destruye con la temperatura.

20. ¿Cuál de las siguientes bacterias se puede encontrar en las ostras?

a) Yersinia.
b) *Campylobacter.*
c) *Bacillus.*
d) Estafilococo.

21. ¿Cuál de las siguientes bacterias se puede encontrar en la harina?

a) Yersinia.
b) *Campylobacter.*
c) *Bacillus.*
d) Estafilococo.

22. ¿Qué síntomas se producen en la brucelosis?

a) Fiebre, dolor de cabeza y pérdida de apetito.
b) Fiebre, dolor muscular y parálisis facial.
c) Diarreas hemorrágicas.
d) Ninguno de los anteriores.

23. ¿Qué es un Vibrio?

a) Una bacteria.
b) Un virus.

c) Una toxina.
d) Un parásito.

24. ¿De dónde proceden las micotoxinas?

a) Alimentos.
b) Hongos.
c) Agua.
d) Vías respiratorias altas.

25. ¿Qué problemas causa el virus Norwalk?

a) Hemorragia.
b) Parálisis.
c) Gastroenteritis.
d) Muerte.

26. ¿Qué enfermedad es la encefalopatía espongiforme bovina?

a) Enfermedad de las vacas locas.
b) Hepatitis A.
c) Cólera.
d) Ninguna de las anteriores.

27. ¿Qué alimento puede portar el parásito causante de la triquinosis?

a) Fruta.
b) Pescado.
c) Carne.
d) Verdura.

28. ¿Qué enfermedad se previene con la congelación del pescado?

a) Anisomiasis.
b) Botulismo.
c) Gastroenteritis.
d) Hepatitis.

29. ¿Dónde se desarrolla Giardia?

a) En la carne.
b) En la tierra.
c) En el agua.
d) En los ganglios.

30. ¿Cuáles de los siguientes son contaminantes abióticos?

a) Metales pesados.
b) Insectos.
c) Hongos.
d) Protozoos.

31. ¿Cómo se denomina la aparición en dos o más personas en un mismo lugar, de una enfermedad debida a una infección?

a) Toxiinfección.
b) Brote epidemiológico.
c) Pandemia.
d) Zoonosis.

32. ¿En qué consiste la vigilancia epidemiológica?

a) En hacer control de calidad.
b) Es un plan de prevención de riesgos alimentarios.
c) En realizar estudios de los brotes para determinar la causa y proponer medidas.
d) Es una red de control del comercio de productos alimenticios.

33. La *Listeria monocytogenes* responsable de la listeriosis, es:

a) Una bacteria patógena.
b) Una bacteria esporulada.
c) Un norovirus.
d) Un rotavirus.

34. ¿Para qué sirve el análisis cuando aparece un brote de toxiinfección alimentaria?

a) Para prevenir.
b) Para detectar rápidamente la causa.
c) Para eliminar la contaminación.
d) Para nada.

35. ¿Cómo son los procedimientos de autocontrol?

a) Adecuados a la naturaleza del alimento.
b) Adecuados a los procesos.
c) Adecuados a las características del establecimiento.
d) Debe cumplir las condiciones expuestas en a), b) y c.

36. ¿Qué cantidad mínima se ha de recoger en la muestra de las comidas testigo?

a) Una ración individual de como mínimo de 100 g.
b) Dos raciones de 50 g cada una.

c) Una ración individual de como mínimo de 250 g.
d) Todas son correctas.

37. ¿Qué definen los criterios microbiológicos?

a) Número de muestras a analizar.
b) Clase de microorganismos que se tratarán de detectar y cuantificar, y niveles aceptables.
c) Calor de los puntos críticos.
d) Si hay microorganismos presentes o no.

38. ¿Cómo se determina el valor aceptable de un punto de control crítico?

a) Estableciendo los límites críticos.
b) Con el último valor obtenido en los análisis.
c) Con la media de los valores obtenidos en los últimos análisis.
d) Es imposible determinar ese valor.

39. ¿En qué fase del sistema de autocontrol permanente se aplican los procedimientos de verificación?

a) Cuando se detectan puntos de control crítico.
b) Cuando se han implantado medidas correctoras.
c) Cuando se identifica un peligro.
d) Cuando hay un punto de control crítico que no está bajo control.

40. Durante la cocción de productos alimenticios hay que garantizar que el centro del producto cocinado alcanza al menos los:

a) 50 ºC.
b) 60 ºC.
c) 70 ºC.
d) 80 ºC.

41. ¿Cuáles son las fases para el análisis microbiológico en los alimentos?

a) Toma de muestras.
b) Elección de un método.
c) Interpretación de los resultados.
d) Todas las respuestas son correctas.

42. La temperatura óptima para el crecimiento de los gérmenes se puede localizar entre:

a) 10 ºC y 20 ºC.
b) 20 ºC y 30 ºC.

c) 30 ºC y 40 ºC.
d) 40 ºC y 50 ºC.

43. ¿Qué diferencia hay entre el emplatado de una ración normal y el del plato testigo?

a) El plato testigo será una porción menor.
b) El plato testigo se emplata con mayor cuidado e higiene.
c) El plato testigo se mantendrá a temperaturas de congelación.
d) Se emplatarán en las mismas condiciones.

44. ¿A qué temperatura se destruye la toxina botulínica?

a) A -24ºC durante 2 días
b) A 80 ºC durante al menos 10 minutos
c) A la misma que las esporas.
d) Son correctas las respuestas b) y c).

45. ¿Qué medidas preventivas son eficaces frente a la transmisión de Listeria?

a) Beber leche cruda.
b) Lavar bien la fruta y verdura cruda.
c) Asegurar la cocción adecuada de los alimentos.
d) Las respuestas b) y c) son correctas.

Solución al test n.º 8

1. a) Probablemente sea rechazado antes de su consumo.

2. c) Toxinas.

3. d) Todas son correctas.

4. d) Todas son correctas.

5. b) Intoxicaciones alimentarias.

6. c) Verano.

7. a) Ancianos.

8. a) En la consistencia.

9. c) No perecedero.

10. d) Todas estas condiciones influyen.

11. d) A 100 ºC.

12. a) Por su acidez.

13. c) Elementos que se incorporan de manera involuntaria al alimento, y que pueden tener consecuencias negativas sobre la salud del consumidor.

14. d) Todas las anteriores.

15. c) Triquina, Anisakis y protozoo.

16. c) Leche.

17. b) Las que viven en ausencia de oxígeno.

18. d) Todas las respuestas indican condiciones adecuadas para el desarrollo de la bacteria.

19. c) A 120 ºC durante 20 minutos.

20. a) Yersinia.

21. c) Bacillus.

22. a) Fiebre, dolor de cabeza y pérdida de apetito.

23. a) Una bacteria.

24. b) Hongos.

25. c) Gastroenteritis.

26. a) Enfermedad de las vacas locas.

27. c) Carne.

28. a) Anisomiasis.

29. c) En el agua.

30. a) Metales pesados.

31. b) Brote epidemiológico.

32. c) En realizar estudios de los brotes para determinar la causa y proponer medidas.

33. a) Una bacteria patógena.

34. b) Para detectar rápidamente la causa.

35. d) Debe cumplir las condiciones expuestas en a), b) y c).

36. a) Una ración individual de como mínimo de 100 g.

37. b) Clase de microorganismos que se tratarán de detectar y cuantificar, y niveles aceptable.

38. a) Estableciendo los límites críticos.

39. b) Cuando se han implantado medidas correctoras.

40. c) 70 ºC.

41. d) Todas las respuestas son correctas.

42. c) 30 ºC y 40 ºC.

43. d) Se emplatarán en las mismas condiciones.

44. b) A 80 ºC durante al menos 10 minutos.

45. d) Las respuestas b) y c) son correctas.

TEST N.º 9

Recepción, almacenamiento, preparación, procesamiento, conservación, emplatado, transporte y servicio de los alimentos. Concepto de marcha hacia delante

1. ¿Cuál de estas cualidades no se comprobará al recepcionar alimentos?

a) Los embalajes.
b) Los envases y las etiquetas.
c) El sabor de los alimentos recibidos.
d) La calidad de la materia prima.

2. ¿Qué comprobación se hará respecto a los envases?

a) Que estén intactos.
b) Que no presenten deterioros.
c) Que no estén alterados.
d) Todas las respuestas son correctas.

3. ¿Qué condiciones de transporte tendrá la carne fresca servida en canales?

a) Vehículos cerrados e impermeabilizados.
b) Productos en contacto con suelo y paredes del vehículo.
c) Envasadas.
d) Todas las respuestas son correctas.

4. ¿Qué utilidad tiene el albarán?

a) Comprobante de la mercancía entregada para el comprador.
b) Justificante de entrega para el vendedor.
c) Justificante de pago.
d) Son correctas las respuestas a) y b).

5. ¿En qué consiste el registro documental de mercancías?

a) Archivar copia de documentos.
b) Asignación de un lugar para el almacenamiento de los productos.

c) Introducir los datos informáticos para su tratamiento.
d) Son correctas las respuestas a) y c).

6. ¿Qué condiciones de almacenamiento cumplirán las pilas o lotes de productos?

a) Se colocarán separados del techo.
b) Se colocarán juntos unos con otros.
c) Se colocarán pegados a las paredes laterales.
d) Todas las respuestas son correctas.

7. ¿Qué está prohibido en el almacenamiento de productos alimenticios?

a) Su almacenamiento junto a productos aptos para consumo.
b) Su almacenamiento junto a productos tóxicos.
c) Su correcto etiquetado.
d) Todas las respuestas son ciertas.

8. ¿Cuál es la temperatura de almacenamiento adecuado para cada uno de los alimentos?

a) 3 ºC.
b) 18 ºC.
c) Aquella a la que no sufran alteraciones.
d) Son correctas las respuestas b) y c).

9. ¿Qué características tendrán las máquinas que entran en contacto con los alimentos?

a) Transmitirán al producto propiedades nocivas.
b) Las partes metálicas irán revestidas por capas anticorrosión.
c) Las válvulas serán susceptibles de modificar sustancialmente las características de los alimentos.
d) Todas las respuestas son correctas.

10. ¿Qué son alimentos no perecederos?

a) Los que no se estropean nunca.
b) Los que se almacenan en sacos.
c) Aquellos que con una manipulación correcta no van a sufrir alteraciones.
d) Los deshidratados.

11. ¿En qué consiste la rotación periódica de los alimentos?

a) En poner los últimos productos adquiridos o los de fecha más alejada en lugares menos accesibles.
b) En poner los últimos productos adquiridos o los de fecha más cercana en lugares más accesibles.

c) En cambiar de ubicación los productos.
d) Ninguna respuesta es correcta.

12. ¿Qué objetivo tiene la rotación?

a) Consumir en primer lugar los que lleven menos tiempo almacenados.
b) Consumir en último lugar los que lleven más tiempo almacenados.
c) Asegurar que se consumirán primero los que pueden estropearse antes.
d) Son correctas las respuestas a) y b).

13. ¿Qué tipo de producto es una lata de anchoas?

a) Semiconserva.
b) No perecedero.
c) Conserva.
d) Fresco.

14. ¿Qué diferencia hay entre las conservas y las semiconservas?

a) Las semiconservas necesitan frío y las conservas no.
b) Las conservas necesitan frío y las semiconservas no.
c) Las semiconservas duran más tiempo que las conservas.
d) Son correctas las respuestas a) y c).

15. ¿Qué tipo de producto es la mantequilla?

a) Semiconserva.
b) No perecedero.
c) Conserva.
d) Fresco.

16. ¿Qué alimento de los siguientes tiene menor vida útil?

a) Fresco.
b) Semiperecederos.
c) Semiconserva.
d) Refrigerados.

17. ¿Por qué no se deben meter las cajas de los proveedores en el refrigerador?

a) Porque ocupan mucho espacio.
b) Porque se pueden contaminar.
c) Porque pueden contener microorganismos.
d) Porque habría que comprarlas.

18. ¿A qué temperatura se almacenan los productos cocinados congelados?

a) A 18 ºC.
b) A -18 ºC.
c) A 5 ºC.
d) A 0 ºC.

19. ¿Qué práctica está prohibida en almacén?

a) Emplear productos de limpieza.
b) Barrer en seco.
c) Barrer en húmedo.
d) Todas las respuestas son falsas.

20. ¿Qué se hará con los productos almacenados que tengan muestras de contaminación o deterioro?

a) Se retirarán las partes afectadas antes de su almacenamiento.
b) Se destinarán al consumo humano.
c) Serán retiradas.
d) Todas las respuestas son correctas.

21. ¿Cómo será la humedad de los almacenes de alimentos?

a) Elevada para evitar la desecación.
b) Baja para evitar la proliferación de hongos.
c) Homogénea y constante en todos los almacenes.
d) Depende del tipo de alimento almacenado.

22. ¿Qué es falso sobre las conservas?

a) Son productos enlatados y esterilizados.
b) Es necesario mantenerlos en frío.
c) Se almacena en lugar seco y bien ventilado.
d) Duran mucho tiempo.

23. ¿Qué es lo que no se hará en el almacenamiento de frescos?

a) Dejar los alimentos sobre el suelo.
b) Meter las cajas del proveedor en el refrigerador.
c) Sobrecargar la cámara.
d) Todas las respuestas son ciertas.

24. ¿Qué objetivo tiene establecer un sistema de rotación de la mercancía?

a) Facilitar el acceso a la mercancía más reciente.
b) Evitar que los productos se estropeen por mantenerlos por un tiempo demasiado largo.

c) Proteger los alimentos de la contaminación.

d) Todas las respuestas son correctas.

25. ¿Qué es la rotura de *stock*?

a) El deterioro de la mercancía.

b) La ausencia total de mercancía por agotamiento.

c) La acumulación de determinados artículos.

d) La falta de determinados artículos.

26. ¿En qué consiste el método LIFO?

a) Lo último en entrar es lo primero en salir.

b) Lo primero que sale será la mercancía que más tiempo lleva.

c) Lo primero que sale será lo caducado.

d) Todas son correctas.

27. ¿Cómo se denomina el método en que "lo primero que entra es lo primero que sale"?

a) FIFO.

b) LIFO.

c) FILO.

d) FLIFO.

28. ¿Cómo se determina el índice de rotación?

a) Midiendo la frecuencia de salida de un producto.

b) Contando el número de veces que se renueva un artículo en el almacén.

c) Dividiendo el número de artículos que salen, por el *stock* medio.

d) Todas las respuestas son correctas.

29. ¿Qué es el índice de obsolescencia?

a) La relación entre el número de entradas de un artículo, y la rotación del mismo.

b) Las veces que se renueva un artículo.

c) Un ratio de control en la gestión de almacén.

d) Son correctas las respuestas a) y c).

30. ¿Qué es un albarán?

a) El documento en el que aparece el precio de la mercancía entregada.

b) El documento justificante de la recepción de un producto.

c) Es un documento interno que emite el departamento que solicita determinada mercancía al almacén.

d) El documento que registra las existencias en almacén.

31. El stock de seguridad:

a) Es el que viene determinado por la capacidad de almacenaje.
b) Es el stock previsto para demandas inesperadas o retrasos en las entregas de los proveedores.
c) Indica el punto de consumo de existencias en el que es necesario reponerlas.
d) Todas son correctas.

32. ¿Qué norma de las siguientes regula los alimentos ultracongelados destinados a la alimentación humana?

a) Real Decreto 3484/2000, de 29 de diciembre.
b) Real Decreto 126/2015, de 27 de febrero.
c) Real Decreto 1109/1991, de 12 de julio.
d) Real Decreto 1245/2008, de 18 de julio.

33. La temperatura de los alimentos ultracongelados deberá ser estable y mantenerse en todas las partes del producto a una temperatura de:

a) -18 ºC o menos.
b) -15 ºC o menos.
c) -12 ºC o menos.
d) -10 ºC o menos.

34. ¿Qué criterio sigue el método FEFO en almacén?

a) Consumir primero lo que se adquirió en último lugar.
b) Consumir primero lo que se adquirió en primer lugar.
c) Consumir primero lo que está más próximo a caducar.
d) Este método no existe.

35. ¿Cómo se colocarán los alimentos cuando solo se dispone de una cámara?

a) Las verduras arriba.
b) En la parte más baja los platos preparados.
c) Los platos elaborados arriba y los crudos más abajo.
d) Las carnes en la parte más alta.

36. ¿Cuál de los siguientes alimentos no necesita refrigeración?

a) La mermelada, que es una conserva de fruta.
b) El beicon, que es una conserva de carne.
c) El salmón ahumado, que es una conserva de pescado.
d) Cualquier semiconserva.

37. ¿En cuál de los siguientes casos se desechará una lata de conserva?

a) Cuando esté abollada u oxidada.
b) Cuando el contenido presente un olor no característico.
c) Cuando el contenido esté más blando de lo normal.
d) Cuando presente alguno de los anteriores problemas.

38. ¿Cómo se debe evitar que se rompa la cadena del frío?

a) Evitando comprar alimentos congelados.
b) Cargando al máximo los congeladores.
c) Abriendo las puertas el tiempo mínimo imprescindible.
d) Protegiendo los alimentos con aluminio o plásticos autorizados para alimentos.

39. ¿Qué hay que tener en cuenta a la hora de almacenar alimentos?

a) Se deben colocar en pilas altas, aprovechando al máximo el espacio disponible.
b) Se rotarán periódicamente.
c) Las condiciones de temperatura y humedad serán siempre las mismas, independientemente del producto que se almacene.
d) No es necesario que los productos estén etiquetados para su almacenamiento, pero sí para su venta.

40. ¿En qué consiste la rotación de los productos almacenados?

a) En mover las cajas para que no se acumule polvo sobre ellos.
b) En colocar delante los productos que se van adquiriendo, para consumirlos antes.
c) En colocar en primer lugar los productos que ya estaban almacenados, y que tendrán fecha de caducidad más próxima, de manera que se consuman antes.
d) En cambiar de cámara los productos frescos, para que no generen olor.

41. ¿Cuál de los siguientes productos es semiperecedero?

a) Jamón cocido.
b) Carne fresca.
c) Yogures.
d) Fruta.

42. ¿Qué es falso sobre la zona de almacenamiento de alimentos?

a) Estará siempre a 15 ºC.
b) Cada almacén tendrá la temperatura y humedad adecuada.
c) Para evitar la fluctuación de las condiciones ambientales del almacén, es conveniente disponer de un almacén de día, que contendrá los productos de uso inmediato para las elaboraciones de ese día.
d) Las cámaras dispondrán siempre de puertas con sistema de apertura interior.

43. ¿Cómo se define la ración neta?

a) La ración neta se entiende limpia de grasas, huesos, espinas, etc., que se sitúa entre ciento cincuenta y ciento ochenta gramos por persona, salvo algún tipo de corte especial o pieza de ración.
b) La ración neta se entiende limpia de grasa, huesos y espinas. Se sitúa en todo caso entre 250 y 500 gramos.
c) No se puede definir la ración neta porque depende del tipo de producto.
d) La ración neta se define como la pieza de tamaño pequeño que no supere los 250 gramos.

44. ¿Cómo se denomina el fraccionado de los trozos o filetes de carne en porciones de tamaño reducido, mediante máquina o instrumentos cortantes adecuados?

a) Troceado.
b) Fileteado.
c) Picado.
d) Oreo.

45. Si al pelar una hortaliza se ennegrece, ¿qué debemos hacer?

a) Meterla en agua con unas gotas de limón.
b) Restregarla con sal.
c) Limpiarla con unas gotas de lejía.
d) Envolverla en papel de aluminio durante 10 minutos.

46. Es aconsejable lavar las hortalizas que se consumen crudas:

a) Con agua salada.
b) Con agua y unas gotas de lejía.
c) Solamente con agua.
d) Con agua a la que se le añaden unas gotas de limón.

47. En la preparación básica de:

a) Los tomates, se deberá quitar la piel en todos los casos.
b) Las alcachofas, una vez eliminadas las hojas exteriores, se meterán en agua con lejía para evitar su ennegrecimiento.
c) La remolacha roja, se lavará primero sin cortar las ramas o tallos con los que vienen.
d) Las acelgas, solo se utilizarán las hojas, desprendiéndoles los tallos, por no tener ningún valor nutritivo.

48. En cuanto a la judía verde:

a) Sólo se aprovecha la vaina.
b) Se limpiará eliminando los filamentos que unen ambas caras de la vaina.

c) La corola leñosa que le sirve para sujetarse a la mata puede usarse como condimento.

d) Una vez pelada se limpiará con agua y abundante sal.

49. Los ajos:

a) Son usados para la elaboración de encurtidos, con sales y aceites.

b) Son bulbos, semillas que crecen sobre tierra, necesitando gran cantidad de agua para su crecimiento.

c) A los dientes se les deberá quitar siempre la película que los protege pues esta es muy dañina.

d) Todas son incorrectas.

50. ¿A qué es debido el ennegrecimiento que presentan algunas hortalizas cuando se les quita la piel protectora?

a) Al alto contenido en agua.

b) A los productos fertilizantes con los que son tratados.

c) A las bacterias y enzimas.

d) A la oxidación.

51. ¿Cuál de los siguientes sistemas es correcto para el pelado de verduras?

a) Con cuchillo o con máquina peladora.

b) Por escaldado.

c) Por asado.

d) Todas las respuestas son correctas.

52. ¿Qué son alcauciles?

a) Judías.

b) Alcachofas.

c) Guisantes.

d) Habas.

53. ¿Cómo es el corte brunoise?

a) Dados pequeños.

b) Láminas.

c) Tiras finas.

d) A gajos.

54. En la preparación de aves, ¿a qué llamamos "albardado"?

a) A la eliminación de las plumas.

b) A sujetar las carnes crudas de ave para mejorar su estética ante el comensal.

c) A envolver el ave en tiras de tocino, para evitar que se reseque al cocinarlo.
d) A eliminar patas, cabeza y cuello.

55. ¿Cómo es el corte de la patata paja?

a) Dados pequeños.
b) Muy fina, se corta con mandolina.
c) Muy gruesa, se corta con cuchillo.
d) Rodajas onduladas.

56. ¿Cuántas raciones aproximadas salen de 1 kg de salmón?

a) 2 raciones.
b) 3 raciones.
c) 4 raciones.
d) 5 raciones.

57. De un asado de carne con hueso, ¿qué peso constituye una ración?

a) 1 kg.
b) 1/2 kg.
c) 1/4 kg.
d) 1/10 kg.

58. ¿Qué partes no comestibles suelen retirarse de la carne?

a) Vasos sanguíneos.
b) Exceso de grasa.
c) Nervios y tendones.
d) Todas las respuestas son correctas.

59. ¿En qué parte de la vaca está el morrillo?

a) En la parte inferior de la pierna.
b) Entre el pecho y el cuello.
c) En la parte exterior de la paletilla.
d) Entre el lomo y el pescuezo.

60. ¿Cómo se cortan las patas de las aves?

a) A golpe de cuchillo.
b) Retorciendo manualmente.
c) Cortando alrededor de la rótula para luego tronchar.
d) Chamuscando.

61. ¿Qué corte del pescado lleva espina?

a) Lomo.
b) Medallón.
c) Suprema.
d) Ninguna respuesta es correcta.

62. ¿Qué parte de la judía verde es comestible?

a) La vaina.
b) La semilla interna.
c) El tallo.
d) Las respuestas a) y b) son correctas.

63. ¿Qué operaciones se realizan en la zona de carnes de la sección de preparación?

a) Fileteado.
b) Picado.
c) Limpieza de aves.
d) Todas las respuestas son correctas.

64. ¿Qué operación se realiza en la zona de preparación de pescado?

a) Pelado.
b) Escurrido.
c) Desespinado.
d) Todas son ciertas.

65. ¿Qué es la aleta?

a) Carne que está sobre las costillas.
b) Parte inferior de la pierna.
c) Parte situada sobre el esternón y parte de las costillas.
d) El cuello del animal.

66. ¿Cómo se denomina la parte del vacuno situada por encima de las costillas, que está más cercana al cuarto delantero?

a) Lomo alto.
b) Lomo bajo.
c) Solomillo.
d) Contra.

67. ¿Cuál es la carne con grasa de la parte ventral del cerdo?

a) Codillo.
b) Jamón.

c) Aguja.
d) Panceta.

68. ¿Cuál de los siguientes se denomina escalope?

a) Filete fino de tamaño pequeño, que se sirve salteado o breseado si se obtiene de piezas duras como redondo o contra.
b) Fracción de unos 125 gramos, que se puede obtener de distintas piezas.
c) Filete no muy grueso que se empana y fríe.
d) Porción gruesa que se obtiene del morcillo.

69. ¿Qué es el pelado de un ave?

a) Quitar las plumas.
b) Quitar la piel.
c) Quitar las patas y cabeza.
d) Todas las respuestas son correctas.

70. ¿Dónde harías la incisión en el pescado para eviscerar?

a) En la parte inferior.
b) En la parte superior.
c) En la parte dorsal.
d) En la parte posterior.

71. ¿Cómo es el corte de patata española?

a) Fina como una cerilla.
b) De un centímetro aproximadamente.
c) Muy gorda, rectangular y alargada.
d) Ninguna respuesta es correcta.

72. Indica cuál de las siguientes opciones con respecto al acondicionamiento de la materia prima es falsa:

a) Los elementos decorativos, no comestibles, que se introduzcan en la presentación de las comidas no deberán en ningún caso estar en contacto directo con las mismas.
b) Se debe evitar el contacto entre los alimentos crudos y las comidas preparadas durante la preparación de las mismas o durante su conservación.
c) Las comidas deberán prepararse con la menor anticipación posible al tiempo de consumo, salvo las que vayan a ser congeladas.
d) Deben cortarse sobre la misma tabla, carne cruda y carne cocinada.

73. ¿Cómo se denomina el conjunto de operaciones que realizamos antes del servicio en el establecimiento?

a) Manipulación o *non en place*.
b) Puesta a punto o *mise en place*.
c) Acondicionamiento.
d) Transformación primaria.

74. La limpieza de la materia prima es imprescindible:

a) Solo si va a ser sometida a tratamientos térmicos.
b) Solo si se va a consumir en crudo.
c) Tanto si va a ser sometida a tratamientos térmicos durante la cocción, o se va a consumir en crudo.
d) No es imprescindible la limpieza de la materia prima.

75. La limpieza de la materia prima se realiza para:

a) Eliminar potenciales microorganismos que pueden perjudicar la salud.
b) Eliminar impurezas procedentes de su origen, como puede ser tierra adherida.
c) Eliminar impurezas contraídas por la manipulación o/y transporte.
d) La limpieza de la materia prima se realizará por todo lo antes mencionado.

76. ¿Qué se permite en la preparación de la nata?

a) La adulteración por adición o sustracción de elementos propios o no de la leche.
b) La sustitución de la grasa por otras extrañas.
c) Ambas acciones están permitidas.
d) Nada de lo anterior está permitido.

77. ¿Qué equipamiento contiene el área de cocina caliente?

a) El área de cocina caliente debe tener un fregadero, para el lavado de ollas, sartenes, y todo el menaje utilizado en la cocina caliente.
b) Cámaras congeladora y refrigeradores.
c) Almacén de productos perecederos y frutas.
d) Todas son correctas.

78. ¿Qué pieza de la media canal no pertenece al cuarto delantero del ganado vacuno?

a) Aleta.
b) Morrillo.
c) Solomillo.
d) Morcillo.

79. ¿Qué pieza del cuarto delantero del vacuno es la parte situada sobre el esternón y parte de las costillas?

a) Aleta.
b) Morcillo.
c) Aguja.
d) Llana.

80. ¿A qué pieza del ganado vacuno se le llama contra?

a) Es aquella zona del cuarto delantero, parte central de la cara externa de la pierna.
b) Es aquella zona del cuarto trasero, parte central de la cara externa de la pierna.
c) Es aquella zona del cuarto trasero, parte delantera de la pierna, desde la rodilla a la cadera.
d) Es aquella zona del cuarto trasero, parte situada por encima de las costillas, que está más cercana al cuarto delantero.

81. El músculo alargado del ganado vacuno situado en la parte exterior de la paletilla se denomina:

a) Pez.
b) Aguja.
c) Panceta.
d) Tapilla.

82. ¿Qué sinónimo se emplea en el fileteado de nombre *villagodio*?

a) *T-bone steak*.
b) *Rumpsteak*.
c) Entrecot.
d) Chuletón.

83. Un ave gallinácea, con las crestas desarrolladas y de colores vivos será un animal:

a) Muy joven.
b) Joven.
c) Adulto.
d) Viejo.

84. Las aves sacrificadas y libres de pluma se denominan:

a) Desplumadas.
b) Difuntas.
c) Enteras.
d) Parciales.

85. ¿De qué manera alargan la vida útil de los alimentos, los métodos de conservación?

a) Impidiendo que los microorganismos se multipliquen en el alimento.
b) Impidiendo que se produzcan reacciones químicas que deterioren los alimentos.
c) Reduciendo el número de microorganismos que hay en un alimento.
d) Todas son correctas.

86. ¿Cuál de los siguientes alimentos no es una conserva?

a) Embutidos.
b) Tallarines.
c) Mojama.
d) Yogur.

87. ¿Cuál de las siguientes afirmaciones acerca de la congelación no es cierta?

a) Es un método de conservación que se basa en la inhibición del crecimiento bacteriano.
b) La más correcta es la congelación rápida, ya que la lenta puede deteriorar los alimentos.
c) Se trata de mantener el alimento a una temperatura superior a –18 ºC.
d) La ultracongelación equivale a congelación rápida.

88. ¿Cuál es la función de un abatidor de temperatura?

a) Reducir rápidamente la temperatura de cualquier producto.
b) Aumentar rápidamente la temperatura de un producto hasta 70 ºC en el centro.
c) Conservar los alimentos.
d) Descongelar los alimentos.

89. ¿Cuál de las siguientes afirmaciones sobre la pasteurización es correcta?

a) Es un tratamiento térmico que destruye los microorganismos patógenos, es decir, aquellos que pueden perjudicar la salud del consumidor.
b) Se utiliza cuando un tratamiento de esterilización alteraría las características organolépticas del alimento.
c) Como ofrece menos garantía que la esterilización, va acompañado de otros métodos de conservación como frío o envases tipo brick.
d) Todas las afirmaciones anteriores son correctas.

90. ¿Cuál es la temperatura máxima de conservación de un alimento congelado?

a) –18 ºC.
b) +18 ºC.
c) 0 ºC.
d) 5 ºC.

91. Los boquerones en vinagre son un tipo de conserva de pescado. ¿En qué se basa?

a) En la deshidratación.
b) En la acidificación.
c) En la liofilización.
d) No están conservados.

92. ¿Qué es el encurtido?

a) Un tipo de pepinillo.
b) Un método de conservación que utiliza la temperatura.
c) Un método de conservación que utiliza vinagre.
d) Una forma de preparar pescado.

93. ¿Qué es la salmuera?

a) Un tipo de pescado.
b) Una especia.
c) Sal disuelta en agua.
d) Un método de conservación por frío.

94. ¿Qué alimentos se pueden salar para conservarlos?

a) Pescados.
b) Carnes.
c) Hortalizas.
d) Todos los anteriores.

95. ¿Para qué se utiliza el escabeche?

a) Para enriquecer el sabor.
b) Para conservar.
c) Para disminuir la temperatura del producto.
d) Las opciones a) y b) son correctas.

96. ¿Qué tipo de conservación se usa para los zumos de fruta?

a) Esterilización.
b) Deshidratación.
c) Pasteurización.
d) Congelación.

97. ¿Cómo se debe regenerar un producto refrigerado?

a) Calentando hasta que el centro alcance los 70 ºC.
b) Bajo el grifo.

c) Calentando ligeramente.
d) Cociendo media hora.

98. ¿Qué método de conservación utiliza el vinagre como ingrediente conservador?

a) Adobo.
b) Encurtido.
c) Salazón.
d) Las opciones a) y b) son correctas.

99. ¿Cuál de las siguientes afirmaciones no es correcta?

a) No se deben introducir latas de conserva una vez abiertas en el refrigerador.
b) Los géneros se deben meter en refrigerador en las cajas en que los sirvió el proveedor.
c) No se deben introducir géneros calientes en el refrigerador.
d) Los géneros se deben envolver antes de meter en la nevera.

100. ¿Qué tipo de conserva es el jamón?

a) Es un producto conservado por deshidratación.
b) Es un producto conservado por refrigeración.
c) Es un producto conservado por salazón.
d) No es un producto conservado.

101. ¿En qué consiste la desecación por atomización?

a) El producto líquido se pulveriza sobre unas placas y se somete a corrientes de aire caliente.
b) El producto pasa de sólido a gas directamente sin pasar por la fase líquida.
c) El producto se expone al sol o a corrientes de aire hasta que se seca.
d) Ninguna es correcta.

102. ¿Qué es confitar?

a) Método de conservación de frutas, que consiste en cocerla con azúcar para aumentar su concentración e impedir el crecimiento bacteriano.
b) Cocinar el alimento con su propia grasa o grasa añadida, si es necesario, de manera que quede cubierto completamente para protegerlo de los microorganismos.
c) Someter a los alimentos de origen vegetal a la acción del vinagre, con o sin sal, azúcares u otros condimentos.
d) Ninguna es correcta.

103. ¿Qué efecto tiene el frío sobre los alimentos?

a) Mata a los microorganismos, alargando la vida útil del alimento.
b) Solidifica el agua, impidiendo que esté disponible para los microorganismos.

c) Acidifica el medio, modificando su sabor.
d) Las respuestas a) y b) son correctas.

104. ¿En qué consiste la liofilización?

a) Eliminación del agua por sublimación.
b) Adición de agua.
c) Pulverización del alimento por fraccionamiento.
d) Ninguna respuesta es correcta.

105. ¿Con qué tipo de alimento se prepara la compota?

a) Con hortalizas.
b) Con carne.
c) Con aceites.
d) Con fruta.

106. ¿Qué son los productos de tercera gama?

a) Productos congelados no cocinados.
b) Productos limpios precocinados y envasados.
c) Productos totalmente preparados, cocinados, envasados al vacío y refrigerados.
d) Alimentos crudos.

107. ¿Qué vehículos se utilizarán para el transporte de leche?

a) Vehículos isotermos de fácil limpieza.
b) Cualquier vehículo si la distancia de desplazamientos es superior a 200 kilómetros.
c) Camiones congeladores.
d) Vehículos similares a los utilizados para el transporte de fruta y verdura.

108. ¿Cómo podrá evitar la desecación de los productos frescos durante su almacenamiento?

a) Bajando la temperatura de almacenamiento.
b) Subiendo la temperatura de almacenamiento.
c) Protegiéndolo con papel de polietileno.
d) Aumentando la humedad de la cámara.

109. ¿En qué fase se multiplican los microorganismos?

a) Fase lago-fase inicial.
b) Fase estacionaria.
c) Fase de crecimiento exponencial.
d) Fase de muerte.

110. ¿Cómo se puede impedir la multiplicación de microorganismos en los alimentos?

a) Disminuyendo de la temperatura.
b) Eliminando el agua.
c) Acidificando el medio.
d) Todas las respuestas son correctas.

111. ¿Para cuál de los siguientes productos se utiliza la pasteurización como método de conservación?

a) Anchoas.
b) Jamón.
c) Verduras.
d) Zumos.

112. ¿Para qué se utiliza el autoclave con agitación?

a) Higienizar alimentos.
b) Esterilizar líquidos.
c) Pasteurizar natas.
d) Todas son correctas.

113. ¿Qué tipo de congelación de alimentos produce cristales de hielo que dañan la estructura del producto?

a) Congelación artificial.
b) Congelación rápida.
c) Congelación lenta.
d) Congelación natural.

114. ¿Qué alimento es uno de los más idóneos para que se ultracongele fresco, ya que además de la ganancia nutricional se evita ciertas parasitosis, como la del anisakis?

a) Verdura.
b) Fruta.
c) Pescado.
d) Legumbres.

115. ¿Qué sistema de congelación mediante aire forzado es aquel donde el aire fluye perpendicular hacia la superficie del producto?

a) Congeladores de lecho fluido.
b) Congeladores de banda espiral.

c) Congeladores de circulación dividida de aire.
d) Congeladores de choque.

116. ¿Qué sistema de congelación reduce la oxidación que produciría el contacto con el aire?

a) Congeladores por contacto directo.
b) Congeladores de circulación dividida de aire.
c) Congeladores de choque.
d) Congeladores de lecho fluido.

117. La esterilización por calor se usa principalmente para:

a) Carnes rojas y blancas.
b) Frutas y verduras.
c) Conservas.
d) Legumbres.

118. La esterilización a temperaturas superiores a 100 ºC produce una disminución de las propiedades nutritivas de los alimentos, ocasionando sobre las grasas un/una:

a) Coagulación, y aparición de compuestos tóxicos.
b) Oxidación, y aparición de compuestos tóxicos.
c) Enranciamiento, y aparición de compuestos tóxicos.
d) Caramelización, y aparición de compuestos tóxicos.

119. El principal equipo empleado para esterilización es:

a) El horno convencional.
b) El autoclave.
c) La estufa.
d) El Poupinel.

120. Respecto al empleo de radiaciones como medio de conservación de los alimentos, todo lo que se dice es falso, excepto que:

a) No desinfecta.
b) Retrasa la maduración de frutas y hortalizas.
c) No destruye las bacterias existentes en la carne fresca.
d) No elimina los insectos.

121. ¿Qué sistema de deshidratación de alimentos es aquel donde se genera calor o corrientes de aire sobre el alimento?

a) Desecación natural.
b) Deshidratación artificial.

c) Atomización.
d) Deshidratación de sólidos.

122. ¿Cómo se llama el método para reducir la cantidad de agua de un alimento, en el que se produce el paso de sólido a gas sin pasar por líquido?

a) Sublimación.
b) Liofilización.
c) Ahumado.
d) Uperización.

123. El ahumado en caliente se emplea para:

a) Salchichas.
b) Jamón.
c) Salmón.
d) Queso.

124. ¿Cuáles de los siguientes elementos deberán figurar en la lista de ingredientes de la etiqueta?

a) Los aditivos.
b) Los coadyuvantes tecnológicos.
c) Las sustancias utilizadas en las dosis estrictamente necesarias como disolventes o soportes para aditivos, enzimas y aromas.
d) Todos los anteriores.

125. ¿Qué grado alcohólico tendrá una bebida para que haya obligación de indicarlo en el envase?

a) 0,2 %.
b) 1,2 %.
c) 1,5 %.
d) 2 %.

126. ¿En qué unidades se expresará la cantidad neta de un producto líquido?

a) Unidades de masa.
b) Unidades de peso.
c) Unidades de volumen.
d) Tanto por ciento.

127. ¿Cómo indicará la etiqueta la duración de un producto?

a) Tiempo máximo de duración.
b) Día de fabricación.

c) Fecha de consumo preferente o de consumo obligado.
d) Fecha de duración mínima o fecha de caducidad.

128. ¿Dónde se establece la lista de ingredientes en los que se indicará en la etiqueta mediante una referencia clara al nombre de dicho ingrediente?

a) Anexo V del RD 1334/1999.
b) Anexo II del RD 1334/1999.
c) Artículo I del RD 1334/1999.
d) Ninguna respuesta es correcta.

129. Las carnes en canales y medias canales, tal y como se presentan en los mataderos, ¿qué tipo de productos son?

a) De 1.ª gama.
b) De 2.ª gama.
c) De 3.ª gama.
d) De 4.ª gama.

130. ¿Qué efecto conservador tiene el envasado al vacío?

a) Antioxidante.
b) Antibacteriano.
c) Oxidante.
d) Las respuestas a) y b) son correctas.

131. Respecto al transporte de alimentos, ¿qué está prohibido?

a) Transportar alimentos no aptos para el consumo junto a los que sí lo son.
b) Transportar alimentos que no estén correctamente etiquetados y precintados.
c) Transportar productos alimenticios junto a cualquier sustancia tóxica.
d) Todas las respuestas son correctas.

132. ¿Cómo podrá evitar la desecación de los productos frescos durante su almacenamiento?

a) Bajando la temperatura de almacenamiento.
b) Subiendo la temperatura de almacenamiento.
c) Protegiéndolo con papel de polietileno.
d) Aumentando la humedad de la cámara.

133. ¿Cómo se denomina la fase de los microorganismos en la que estos se están adaptando al medio, por lo que su número permanece más o menos constante?

a) Fase estacionaria.
b) Fase de crecimiento exponencial.

c) Fase lago o inicial.
d) Fase de muerte.

134. ¿Para qué producto no se emplea generalmente la salmuera seca?

a) Bacalao.
b) Anchoa.
c) Beicon.
d) Jamón serrano.

135. ¿Es necesario el uso de guantes para hacer el desbarasado de bandejas?

a) Siempre.
b) Ocasionalmente.
c) Nunca.
d) Solo cuando hayan estado en contacto con una fuente infecciosa.

136. Una de las siguientes opciones con respecto al emplatado es falsa, señálala:

a) La fase de emplatado consiste en la distribución de los alimentos en raciones individuales para su consumo.
b) Se deben extremar en este proceso las medidas higiénicas.
c) Debe ser un proceso lento y medido para evitar que los alimentos se caigan.
d) La integración del emplatado con las nuevas tecnologías se hace mediante la instalación de cintas de emplatado.

137. Es un inconveniente del emplatado tradicional:

a) Requiere de un equipamiento adecuado y muy específico.
b) Requieren sistemas de tecnología avanzada y técnicos especialistas.
c) Si es necesario recalentar, los alimentos pueden resecarse y sufrir alteraciones en sus cualidades organolépticas.
d) Necesita más personal para realizar el emplatado.

138. Las actividades relacionadas con la manipulación de alimentos tienen un flujo marcado por:

a) El principio de marcha adelante.
b) El principio de cruce de circuitos.
c) El principio de economía de movimientos.
d) Ninguno de los anteriores.

139. ¿Cuál de las siguientes zonas de una cocina se considera zona sucia?

a) Zonas de lavado.
b) Zona de emplatado.

c) Zona de distribución
d) Todas son zonas sucias.

140. ¿Qué característica/s debe tener el proceso de producción en cocina?

a) Flujo continuo.
b) Separación de zonas.
c) Establecimiento de circuitos.
d) Todas las respuestas son correctas.

141. ¿Qué respuesta es falsa?

a) Cada zona de trabajo contará con los materiales necesarios.
b) Cada zona de trabajo contará con los utensilios necesarios para las tareas a realizar.
c) En la cocina nunca se establecen diferentes circuitos.
d) La respuestas a) y b) son correctas.

142. En una cocina centralizada, ¿hacia dónde irán los flujos de aire?

a) Hacia la entrada.
b) Hacia la zona limpia.
c) Hacia la zona sucia.
d) Hacia la zona de distribución por ser la fase final del proceso.

143. ¿Qué accesos en cocina deben estar bien diferenciados y no coincidir?

a) Salida de carros con la comida y entrada de carros con la vajilla sucia.
b) Salida de carros con la comida y entrada de carros con restos de comida.
c) Salida de carros con la comida y salida de basuras.
d) Todas las respuestas son correctas.

144. ¿Qué actividades pertenecen al circuito sucio en cocina?

a) Solo los residuos.
b) Manipulación de productos crudos, ya sea en su fase de acondicionamiento o cuando ya están listos para el consumo.
c) Actividades que generan contaminación.
d) Todas las respuestas son correctas.

145. ¿Cómo se distribuye el circuito de los alimentos?

a) El acondicionamiento de la materia prima constituye un circuito sucio que no debe tener cruces con el circuito limpio.
b) Los alimentos elaborados y su distribución constituyen un circuito sucio y no debe cruzarse con la materia prima.

c) El alimento en todas sus fases se considera en circuito limpio por el riesgo de contaminación.

d) Ninguna respuesta es correcta.

146. Los utensilios de cocina listos para su uso, ¿están en un circuito limpio o sucio?

a) Sucio.
b) Limpio.
c) Pueden estar en ambos.
d) No están en ninguno.

147. ¿Qué recorrido tendrá el circuito de residuos?

a) Desde la zona de evacuación hasta el vertedero.
b) Desde la zona de generación hasta la zona de evacuación.
c) Tendrá un recorrido de ida (circuito sucio) y otro de vuelta (circuito limpio).
d) Para los residuos no se definirán circuitos.

148. ¿Qué solución habría si la zona de recepción de materias primas y la salida de desperdicios no pueden estar separadas físicamente?

a) Realizar ambas operaciones con cuidado cuando coincidan.
b) Utilizar elementos cerrados para el traslado, cuando coincidan.
c) Separar ambas operaciones en el tiempo.
d) No hay solución, se deber realizar una reforma.

149. Con el principio de marcha adelante:

a) Se evitarán las contaminaciones cruzadas.
b) Se podrá conseguir que un alimento retroceda a una etapa anterior.
c) Se conseguirá que no exista la separación de zonas de trabajo, y con ello mejor visión del conjunto de trabajo.
d) Se evitará el establecimiento de circuitos que perjudican la organización.

Solución al test n.º 9

1. c) El sabor de los alimentos recibidos.

2. d) Todas las respuestas son correctas.

3. a) Vehículos cerrados e impermeabilizados.

4. d) Son correctas las respuestas a) y b).

5. d) Son correctas las respuestas a) y c).

6. a) Se colocarán separados del techo.

7. b) Su almacenamiento junto a productos tóxicos.

8. c) Aquella a la que no sufran alteraciones.

9. b) Las partes metálicas irán revestidas por capas anticorrosión.

10. c) Aquellos que con una manipulación correcta no van a sufrir alteraciones.

11. a) En poner los últimos productos adquiridos o los de fecha más alejada en lugares menos accesibles.

12. c) Asegurar que se consumirán primero los que pueden estropearse antes.

13. a) Semiconserva.

14. a) Las semiconservas necesitan frio y las conservas no.

15. d) Fresco.

16. a) Fresco.

17. c) Porque pueden contener microorganismos.

18. b) A -18 ºC.

19. b) Barrer en seco.

20. c) Serán retiradas.

21. d) Depende del tipo de alimento almacenado.

22. b) Es necesario mantenerlos en frío.

23. d) Todas las respuestas son ciertas.

24. b) Evitar que los productos se estropeen por mantenerlos por un tiempo demasiado largo.

25. d) La falta de determinados artículos.

26. a) Lo último en entrar es lo primero en salir.

27. a) FIFO.

28. d) Todas las respuestas son correctas.

29. d) Son correctas las respuestas a) y c).

30. b) El documento justificante de la recepción de un producto.

31. b) Es el stock previsto para demandas inesperadas o retrasos en las entregas de los proveedores.

32. c) Real Decreto 1109/1991, de 12 de julio.

33. a) -18 ºC o menos.

34. c) Consumir primero lo que está más próximo a caducar.

35. c) Los platos elaborados arriba y los crudos más abajo.

36. a) La mermelada, que es una conserva de fruta.

37. d) Cuando presente alguno de los anteriores problemas.

38. c) Abriendo las puertas el tiempo mínimo imprescindible.

39. b) Se rotarán periódicamente.

40. c) En colocar en primer lugar los productos que ya estaban almacenados, y que tendrán fecha de caducidad más próxima, de manera que se consuman antes.

41. a) Jamón cocido.

42. a) Estará siempre a 15 ºC.

43. a) La ración neta se entiende limpia de grasas, huesos, espinas, etc., que se sitúa entre ciento cincuenta y ciento ochenta gramos por persona, salvo algún tipo de corte especial o pieza de ración.

44. c) Picado.

45. a) Meterla en agua con unas gotas de limón.

46. b) Con agua y unas gotas de lejía.

47. c) La remolacha roja, se lavará primero sin cortar las ramas o tallos con los que vienen.

48. b) Se limpiará eliminando los filamentos que unen ambas caras de la vaina.

49. a) Son usados para la elaboración de encurtidos, con sales y aceites.

50. d) A la oxidación.

51. d) Todas las respuestas son correctas.

52. b) Alcachofas.

53. a) Dados pequeños.

54. c) Envolver el ave en tiras de tocino, para evitar que se reseque al cocinarlo.

55. b) Muy fina, se corta con mandolina.

56. d) 5.

57. c) 1/4 kg.

58. d) Todas las respuestas son correctas.

59. b) Entre el pecho y el cuello.

60. c) Cortando alrededor de la rótula para luego tronchar.

61. d) Ninguna respuesta es correcta.

62. d) Las respuestas a) y b) son correctas.

63. d) Todas las respuestas son correctas.

64. c) Desespinado.

65. c) Parte situada sobre el esternón y parte de las costillas.

66. a) Lomo alto.

67. d) Panceta.

68. c) Filete no muy grueso que se empana y fríe.

69. a) Quitar las plumas.

70. a) En la parte inferior.

71. b) De un centímetro aproximadamente.

72. d) Deben cortarse sobre la misma tabla, carne cruda y carne cocinada.

73. b) Puesta a punto o mise en place.

74. c) Tanto si va a ser sometida a tratamientos térmicos durante la cocción, o se va a consumir en crudo.

75. d) La limpieza de la materia prima se realizará por todo lo antes mencionado.

76. d) Nada de lo anterior está permitido.

77. a) El área de cocina caliente debe tener un fregadero, para el lavado de ollas, sartenes, y todo el menaje utilizado en la cocina caliente.

78. c) Solomillo.

79. a) Aleta.

80. b) Es aquella zona del cuarto trasero, parte central de la cara externa de la pierna.

81. a) Pez.

82. d) Chuletón.

83. c) Adulto.

84. c) Enteras.

85. d) Todas las anteriores.

86. b) Tallarines.

87. c) Se trata de mantener el alimento a una temperatura superior a -18 ºC.

88. a) Reducir rápidamente la temperatura de cualquier producto.

89. d) Todas las afirmaciones anteriores son correctas.

90. a) -18 ºC.

91. b) En la acidificación.

92. c) Un método de conservación que utiliza vinagre.

93. c) Sal disuelta en agua.

94. d) Todos los anteriores.

95. d) Las opciones a) y b) son correctas.

96. c) Pasteurización.

97. a) Calentando hasta que el centro alcance los 70 ºC.

98. d) Las opciones a) y b) son correctas.

99. b) Los géneros se deben meter en refrigerador en las cajas en que los sirvió el proveedor.

100. c) Es un producto conservado por salazón.

101. a) El producto líquido se pulveriza sobre unas placas y se somete a corrientes de aire caliente.

102. b) Cocinar el alimento con su propia grasa o grasa añadida, si es necesario, de manera que quede cubierto completamente para protegerlo de los microorganismos.

103. b) Solidifica el agua, impidiendo que esté disponible para los microorganismos.

104. a) Eliminación del agua por sublimación.

105. d) Con fruta.

106. a) Productos congelados no cocinados.

107. a) Vehículos isotermos de fácil limpieza.

108. c) Protegiéndolo con papel de polietileno.

109. c) Fase de crecimiento exponencial.

110. d) Todas las respuestas son correctas.

111. d) Zumos.

112. b) Esterilizar líquidos.

113. c) Congelación lenta.

114. c) Pescado.

115. d) Congeladores de choque.

116. a) Congeladores por contacto directo.

117. c) Conservas.

118. b) Oxidación, y aparición de compuestos tóxicos.

119. b) El autoclave.

120. b) Retrasa la maduración de frutas y hortalizas.

121. b) Deshidratación artificial.

122. b) Liofilización.

123. a) Salchichas.

124. a) Los aditivos.

125. b) 1,2 %.

126. c) Unidades de volumen.

127. d) Fecha de duración mínima o fecha de caducidad.

128. a) Anexo V del RD 1334/1999.

129. a) De 1.ª gama.

130. a) Antioxidante.

131. d) Todas las respuestas son correctas.

132. c) Protegiéndolo con papel de polietileno.

133. c) Fase lago o inicial.

134. c) Beicon.

135. a) Siempre.

136. c) Debe ser un proceso lento y medido para evitar que los alimentos se caigan.

137. c) Si es necesario recalentar, los alimentos pueden resecarse y sufrir alteraciones en sus cualidades organolépticas.

138. a) El principio de marcha adelante.

139. a) Zonas de lavado.

140. d) Todas las respuestas son correctas.

141. c) En la cocina nunca se establecen diferentes circuitos.

142. c) Hacia la zona sucia.

143. d) Todas las respuestas son correctas.

144. c) Actividades que generan contaminación.

145. a) El acondicionamiento de la materia prima constituye un circuito sucio que no debe tener cruces con el circuito limpio.

146. b) Limpio.

147. b) Desde la zona de generación hasta la zona de evacuación.

148. c) Separar ambas operaciones en el tiempo.

149. a) Se evitarán las contaminaciones cruzadas.

Gestión de alérgenos en restauración social hospitalaria. Reglamento (UE) Nº 1169/2011 del Parlamento Europeo y de Consumo de 25 de octubre de 2011 sobre la información alimentaria facilitada al consumidor:

– **Artículo 1: Objeto y ámbito de aplicación**

– **Artículo 4: Principios que rigen la información alimentaria obligatoria**

– **Artículo 9: Lista de menciones obligatorias: punto 1**

– **Anexo II: Sustancias o productos que causan alergias e intolerancias**

1. ¿Qué es una hipersensibilidad a los alimentos?

a) La reacción adversa por sustancias no tóxicas que depende de la susceptibilidad de cada persona a un alimento.
b) Una reacción adversa generalizada por el consumo de alimentos.
c) Respuesta al consumo de venenos.
d) Ninguna respuesta es correcta.

2. ¿Cuál no es una reacción adversa a los alimentos no tóxica?

a) Alergia.
b) Intolerancia.
c) Toxiinfección.
d) Todas las respuestas son correctas.

3. ¿Cómo se denominan las proteínas que provocan una respuesta inmunitaria que se da en al menos un 50 % de los pacientes sensibles?

a) Alérgenos mayores.
b) Alérgenos menores.
c) Alergias.
d) Antígenos.

4. ¿En qué caso se origina una alergia alimentaria?

a) Cuando el alérgeno presente en el alimento desencadena una reacción inmunitaria en el organismo.
b) Cuando el alérgeno presente en el alimento desencadena una reacción no inmunitaria en el organismo.
c) Cuando el alérgeno alimentario no provoca ninguna reacción.
d) Ninguna respuesta es correcta.

5. ¿Qué es la reactividad cruzada?

a) Implica la aparición de síntomas sin que haya existido contacto previo con el alérgeno específico.
b) Ocurre cuando una persona toma un alimento que contiene alérgenos de gran similitud a otro al que ha estado expuesto.
c) Ocurre al ingerir otro alimento diferente pero con un alérgeno similar.
d) Todas las respuestas son correctas.

6. ¿Qué proteínas son alérgenos de la leche?

a) Lactoalbúmina.
b) Seroalbúmina.
c) Caseína.
d) Todas las respuestas son correctas.

7. ¿Qué parte del huevo es más alérgeno?

a) Clara.
b) Yema.
c) Cáscara.
d) Todas las partes por igual.

8. ¿Qué alérgeno no está presente en el pescado?

a) Anisakis.
b) Proteína del pescado.
c) Proteína ovomucoide.
d) Proteína del músculo del pescado.

9. ¿Cuál de estas especies puede estar infestada por anisakis?

a) Pescadilla.
b) Bacalao.
c) Pulpo.
d) Cualquiera de las anteriores.

10. ¿Diga qué es falso sobre el marisco?

a) Son frecuentes las reacciones alérgicas a los mariscos.
b) Los alérgenos son diversas proteínas específicas de cada marisco.
c) Los alérgenos del marisco se transfieren al agua de cocción.
d) No se da reactividad cruzada.

11. Indica la respuesta correcta sobre la soja:

a) La respuesta alérgica no se produce por vía inhalatoria.
b) Se han descrito reacciones cruzadas con los cacahuetes.
c) Algunos de los alimentos en los que puede estar presente son la comida asiática y la harina de trigo.
d) Se han descrito reacciones cruzadas con las verduras.

12. ¿Qué enfermedad es el "asma del panadero"?

a) Alergia alimentaria al pescado.
b) Reacción adversa al gluten.
c) Alergia alimentaria por cereales.
d) Enfermedad autoinmune.

13. ¿Cuáles son síntomas frecuentes de la alergia?

a) Urticaria.
b) Nauseas.
c) Tos irritativa.
d) Todas las respuestas son correctas.

14. ¿Qué mecanismos pueden producir una intolerancia alimentaria?

a) Enzimáticos.
b) Farmacológicos.
c) Sustancias presentes en el alimento que resultan perjudiciales.
d) Todos los anteriores.

15. ¿Qué es la enfermedad celíaca?

a) Intolerancia al gluten.
b) Intolerancia a las proteínas en general.
c) Enfermedad autoinmune.
d) Ninguna respuesta es correcta.

16. ¿Cuántos alérgenos especifica la Unión Europea?

a) 12.
b) 13.

c) 14.
d) 15.

17. ¿Cuál es el Reglamento Europeo sobre la información alimentaria facilitada al consumidor?

a) Reglamento (UE) Nº 1169/2011 del Parlamento Europeo y de Consumo de 25 de octubre.
b) Reglamento (CE) Nº 852/2004 del Parlamento Europeo y del Consejo de 29 de abril.
c) Reglamento (CE) Nº 853/2004 del Parlamento Europeo y del Consejo de 29 de abril.
d) Ninguno es correcto.

18. ¿Qué datos se consideran obligatorios respecto a la información alimentaria?

a) Composición de los alimentos.
b) Duración, almacenamiento y uso seguro.
c) Efectos sobre la salud.
d) Todas las respuestas son correctas.

19. ¿Cuál de las siguientes menciones sobre los alimentos no es necesario incluir en la etiqueta u otro medio informativo?

a) Lista de ingredientes.
b) Coadyuvantes tecnológicos.
c) Nombre, razón social y titulación del operador de empresa alimentaria.
d) Modo de empleo.

20. ¿Qué información debe figurar en la etiqueta de una bebida con alcohol?

a) Grado alcohólico volumétrico adquirido, cuando sea mayor del 1,2 % en volumen de alcohol.
b) Grado alcohólico volumétrico adquirido, cuando sea menor del 1,2 % en volumen de alcohol.
c) Grado alcohólico volumétrico adquirido en cualquier bebida alcohólica.
d) No hay obligación de hacer ninguna mención.

21. ¿Qué información debe ir obligatoriamente en la etiqueta de un producto alimenticio?

a) Condiciones especiales de conservación.
b) Alérgenos.
c) Información nutricional.
d) Todas las respuestas son correctas.

22. ¿Qué componente de la leche produce más reacciones alérgicas?

a) Determinados azúcares, como la lactoalbúmina.
b) Determinadas proteínas como la seroalbúmina.

c) Determinadas grasas como la caseína.
d) Todas las respuestas son correctas.

23. ¿Qué parte del huevo es más alérgena?

a) La clara.
b) La yema.
c) La cáscara.
d) Todo el huevo por igual.

24. ¿Cuál de los siguientes productos pueden presentar alérgenos del pescado, pero no anisakis?

a) Pulpo.
b) Merluza.
c) Boquerón.
d) Surimi.

25. ¿Qué alimentos pueden contener el alérgeno de la mostaza?

a) Carne.
b) Curry.
c) Soja.
d) Cacahuete.

26. ¿Cuál de estas hortalizas causa más alergias?

a) Calabacín.
b) Cebolla.
c) Apio.
d) Patata.

27. ¿Cuántos alérgenos de declaración obligatoria hay?

a) 10.
b) 12.
c) 14.
d) 16.

28. ¿Cuál es el Reglamento relativo a los requisitos para la transmisión de información a los consumidores sobre la ausencia o la presencia reducida de gluten en los alimentos?

a) Reglamento 17/2011, de 5 de julio.
b) Reglamento 828/2014 de 30 de julio.

c) Reglamento 1169/2011, de 25 de julio.
c) Reglamento 852/2004, de 29 de abril.

29. ¿Qué expresión podrá utilizarse en la etiqueta de un producto que no contengan más de 20 mg/kg de gluten tal como se venden al consumidor final?

a) Sin gluten.
b) Muy bajo en gluten.
c) Elaborado específicamente para celíacos.
d) Ninguna respuesta es correcta.

30. ¿Cuál de los siguientes productos no contienen alérgenos de declaración obligatoria?

a) Gelatina de pescado utilizada como soporte de vitaminas o preparados de carotenoides.
b) Aceite y grasa de semilla de soja totalmente refinada.
c) Lactosuero utilizado para hacer destilados alcohólicos, incluido el alcohol etílico de origen agrícola.
d) Todas las respuestas son correctas.

31. ¿Qué alérgeno podemos encontrar en bebidas como el vino o la cerveza?

a) Soja.
b) Lactitol.
c) Sulfitos.
d) Altramuces.

Solución al test n.º 10

1. a) La reacción adversa por sustancias no tóxicas que depende de la susceptibilidad de cada persona a un alimento.

2. c) Toxiinfección.

3. a) Alérgenos mayores.

4. a) Cuando el alérgeno presente en el alimento desencadena una reacción inmunitaria en el organismo.

5. d) Todas las respuestas son correctas.

6. d) Todas las respuestas son correctas.

7. a) Clara.

8. c) Proteína ovomucoide.

9. d) Cualquiera de las anteriores.

10. d) No se da reactividad cruzada.

11. b) Se han descrito reacciones cruzadas con los cacahuetes.

12. c) Alergia alimentaria por cereales.

13. d) Todas las respuestas son correctas.

14. d) Todos los anteriores.

15. a) Intolerancia al gluten.

16. c) 14.

17. a) Reglamento (UE) Nº 1169/2011 del Parlamento Europeo y de Consumo de 25 de octubre.

18. d) Todas las respuestas son correctas.

19. c) Nombre, razón social y titulación del operador de empresa alimentaria.

20. a) Grado alcohólico volumétrico adquirido, cuando sea mayor del 1,2 % en volumen de alcohol.

21. d) Todas las respuestas son correctas.

22. b) Determinadas proteínas como la seroalbúmina.

23. a) La clara.

24. d) Surimi.

25. b) Curry.

26. c) Apio.

27. c) 14.

28. b) Reglamento 828/2014 de 30 de julio.

29. a) Sin gluten.

30. d) Todas las respuestas son correctas.

31. c) Sulfitos.

TEST N.º 11

Sistema de producción en cadena fría. Maquinaria, herramientas y utensilios en las cocinas de colectividades, descripción, uso y limpieza. Nuevas tecnologías aplicadas a la hostelería hospitalaria

1. ¿Cuál de estos utensilios sirve para la elaboración de pescado?

a) Turbotera con rejilla.
b) Lubinera.
c) Besuguera.
d) Todas las anteriores tienen esa utilidad.

2. ¿Qué ventajas tiene el acero inoxidable?

a) Gran resistencia.
b) Fácil limpieza.
c) Buen conductor del calor.
d) Las respuestas a) y b) son correctas.

3. ¿Para qué se utiliza la marmita?

a) Para elaborar asados.
b) Para elaborar fondos.
c) Para cocciones al vacío.
d) Todas las respuestas son correctas.

4. ¿Qué capacidad media tiene un cazo alto con mango?

a) De 2 a 6 litros.
b) De 10 a 15 litros.
c) 50 litros como máximo.
d) Tiene capacidad mínima de 20 litros.

5. ¿Cuál de los siguientes utensilios de cocina se utilizan para asar alimentos?

a) Marmita.
b) Cazo.
c) Rondón.
d) Rustidera.

6. ¿Cuál de los siguientes moldes no es redondo?

a) Pudding.
b) Magdalenas.
c) Brioches.
d) Bizcocho.

7. ¿Qué característica tiene el molde de pan de miga?

a) La masa fermenta dentro.
b) No tiene tapa.
c) Es de plástico.
d) Todas las respuestas son correctas.

8. La *sautese* es utilizada para:

a) Saltear, rehogar y estofar géneros.
b) Confeccionar salsas y cremas.
c) Asar grandes piezas de carne.
d) Presentar pescados.

9. ¿Para qué se utiliza la cazuela de barro?

a) Se utiliza mucho para elaborar asados en horno.
b) Para hacer la sopa castellana.
c) Para hacer marmitako.
d) Todas son correctas.

10. ¿Para qué se utiliza el baño María?

a) Se usa para mantener calientes ciertas elaboraciones.
b) Para asar.
c) Para elaborar salsas, hervidos, purés, cremas.
d) Se utiliza para la cocción de pequeñas cantidades de producto.

11. ¿Para qué se utiliza un tamiz?

a) Para batir.
b) Para homogeneizar el grosor de ciertos alimentos como la harina.

c) Para decorar o rellenar con masa o crema.
d) Para rebañar las mezclas o masas.

12. ¿Qué característica debe cumplir cualquier generador de calor respecto a su ubicación?

a) Dejará espacio alrededor para la difusión de la energía que se pierda.
b) La maquinaria ha de estar debidamente aislada para evitar toda pérdida de energía.
c) Toda maquinaria irá pegada a la pared.
d) Son correctas las respuestas a) y c).

13. ¿Cómo se puede evitar que el gas salga una vez que los fogones están apagados y no hay llama?

a) Solo se garantiza cortando el suministro.
b) Con una válvula de seguridad.
c) Con un generador de frío que compense el calor.
d) No se puede evitar.

14. ¿Qué afirmación es cierta?

a) En la placa de inducción el calor pasa de la resistencia eléctrica al cristal cerámico y de este al recipiente.
b) En las placas vitrocerámicas se utiliza un mecanismo de campo magnético.
c) La placa de inducción permanece fría al retirar el recipiente.
d) El sistema de inducción necesita utensilios no metálicos.

15. ¿Qué función tiene la campana extractora en cocina?

a) Absorber los vapores y gases desprendidos en la cocción.
b) Reducir la temperatura desprendida durante la cocción.
c) Mover el aire interno de la cocina para evitar que se concentren vapores.
d) Emitir aire frío.

16. ¿Qué elementos suelen ser desmontables en las cocinas de gas?

a) Rejilla-soporte de recipientes y placa recogedora de grasa.
b) Quemador y bandeja.
c) Todos los anteriores.
d) Ninguno de los anteriores.

17. ¿Cómo se definen los utensilios de cocina?

a) Herramientas utilizadas para la manipulación de los alimentos.
b) Herramientas utilizada para la elaboración de platos.

c) Elementos utilizados para protegerse de los riesgos derivados del trabajo.
d) Las respuestas a) y b) son correctas.

18. ¿Qué sistema de seguridad tienen las placas de inducción?

a) Solo transmiten calor cuando entran en contacto con el recipiente.
b) Avisan sonoramente cuando se acerca la mano.
c) Marcan la temperatura del alimento que se está calentando.
d) Transmiten de manera continua el calor, y solo se puede regular por el propio trabajador.

19. ¿Qué inconveniente tiene el uso de productos corrosivos en los fogones eléctricos?

a) Pueden producir quemaduras o lesiones.
b) Pueden atacar al mecanismo del equipo.
c) Pueden producir accidentes cuando se conectan.
d) Todas las respuestas anteriores son correctas.

20. ¿Qué equipos se utilizan en cocinas industriales?

a) Generadores de calor.
b) Generadores de frío.
c) Las respuestas a) y b) son correctas.
d) Las respuestas a) y b) son falsas.

21. ¿Cuál de estos procesos no necesitan máquinas generadoras de calor?

a) Elaboración de platos.
b) Mantenimiento de las temperaturas de los alimentos.
c) Cocina en línea caliente.
d) Ninguna respuesta de las anteriores es correcta.

22. ¿En qué caso es útil un generador de frío?

a) Conservación de género perecedero.
b) Conservación de alimentos congelados.
c) Mantenimiento de comidas preparadas.
d) Todas las respuestas son correctas.

23. ¿Qué función tiene el abatidor de temperatura?

a) Aumentar la temperatura.
b) Conservar el alimento.
c) Bajar la temperatura del alimento.
d) Cocer alimentos a presión.

24. ¿Cuál de estos elementos alcanza una temperatura más baja?

a) Cámara de refrigeración.
b) Cámara de congelación.
c) Abatidor de temperatura.
d) Antecámara.

25. ¿Cómo se realiza el control de temperatura en el interior del alimento?

a) Mediante sondas termométricas.
b) Mediante agujas sondas.
c) Midiendo la temperatura exterior con un termómetro y calculando 10 º menos.
d) Son ciertas las respuestas a) y b).

26. ¿Qué son las mesas refrigeradas?

a) Son mesas de trabajo de acero inoxidable y en su parte inferior tiene instalado un sistema frigorífico.
b) Son mesas de trabajo cuya única característica es que están dentro de una cámara frigorífica.
c) Son mesas para mantener calientes las elaboraciones hasta el momento del servicio.
d) Ninguna respuesta es correcta.

27. ¿Cuál de estas características para las cámaras frigoríficas es correcta?

a) Las superficies serán impermeables a las condensaciones y a la humedad, y de fácil limpieza.
b) Las puertas cerrarán con dispositivos herméticos y se abrirán por dentro y por fuera.
c) Todos los accesorios interiores y estantes serán desmontables y fáciles de limpiar.
d) Todas las respuestas son correctas.

28. ¿Cómo se hace el helado?

a) Por batido y enfriamiento.
b) Por congelación y posterior mezcla.
c) Por fusión y batido.
d) Por congelación.

29. ¿Qué es una salamandra?

a) Un horno.
b) Una placa.
c) Una gratinadora.
d) Una tostadora.

30. ¿Qué precaución se ha de tomar en el momento de limpiar una freidora?

a) Que esté desconectada.
b) Que el aceite no esté todavía caliente.
c) Vaciar la cubeta.
d) Todas las respuestas son ciertas.

31. ¿Qué sistema utiliza el horno microondas para transmitir el calor?

a) Ondas electromagnéticas.
b) Gas.
c) Calor.
d) Puede utilizar cualquier fuente de calor.

32. ¿Qué precaución se tomará en el manejo del microondas?

a) No meter nunca recipientes metálicos.
b) Introducir alimentos en recipientes herméticos.
c) No se limpiará el interior.
d) Todas las respuestas son ciertas.

33. ¿Cómo funciona la olla a presión?

a) Se acumula vapor en el interior hermético que se retiene sin salida posible.
b) El vapor sale por la válvula.
c) Funciona por transmisión de calor por ondas.
d) Las espumas salen por la válvula.

34. En el baño María, ¿qué ventaja tiene que el agua esté en movimiento?

a) Asegurar el calentamiento del alimento.
b) Asegurar una temperatura idéntica en todo el recipiente.
c) Evitar que la temperatura se eleve mucho.
d) No tiene ventajas.

35. ¿Cómo se evita que se peguen los alimentos a la plancha?

a) Frotando con un poco de mantequilla.
b) Con un producto químico antiadherente.
c) Mojando la superficie.
d) No se puede evitar.

36. ¿Dónde se coloca el pollo en un asador?

a) En ensartadoras giratorias.
b) En la plancha.

c) En una olla.
d) En una cubeta hermética.

37. ¿Cuál de estas no es una función del horno microondas?

a) Cocinar.
b) Descongelar.
c) Calentar.
d) Conservar.

38. ¿Qué es falso sobre el microondas?

a) Calienta el alimento.
b) No permite funcionar al microondas con la puerta abierta.
c) Esteriliza el género.
d) Puede desecar la superficie de los alimentos si estos no se protegen.

39. ¿Para qué se usa la mesa caliente?

a) Para elaborar platos calientes.
b) Para elaborar platos fríos.
c) Para mantener los platos calientes antes del servicio.
d) Para mantener los platos fríos antes del servicio.

40. ¿Qué es una sartén abatible?

a) Un generador de calor.
b) Un generador de frío.
c) Un utensilio de cocina.
d) Ninguna respuesta es correcta.

41. ¿Con qué fluido funciona el baño María?

a) Con aceite.
b) Con agua.
c) Con gel.
d) Las respuestas a) y b) son correctas.

42. ¿Qué ventajas presenta la cocción al baño María?

a) Evita la deshidratación.
b) Respeta la estructura natural del alimento.
c) Potencia los aromas y sabores.
d) Todas las respuestas son correctas.

43. ¿Cuál de estos utensilios sirve para cortar carne en trozos muy pequeños?

a) Moledora.
b) Picadora.
c) Batidora.
d) Sorbetera.

44. ¿Para qué se utiliza la batidora?

a) Para moler y mezclar.
b) Para trocear.
c) Para crear masas, cremas y salsas.
d) Todas las respuestas son correctas.

45. ¿Qué aparato utilizaría para amasar galletas?

a) Batidora.
b) Amasadora.
c) Moledora.
d) Afinadora.

46. ¿Cómo se mueve la cuchilla de la cortadora de fiambre?

a) Girando.
b) Descendiendo.
c) Deslizando lateralmente.
d) Son fijas, y lo que se mueve es el producto.

47. ¿Qué determina la balanza?

a) El peso.
b) El grosor.
c) La relación entre volumen y peso.
d) La calidad.

48. ¿Para qué se utiliza la mesa de trabajo?

a) Como apoyo.
b) Para trinchar.
c) Para cocinar.
d) Son correctas las respuestas a) y b), entre otras muchas funciones.

49. ¿Para qué se utiliza el medidor de capacidad?

a) Para pesar sólidos.
b) Para medir cantidades de líquidos.

c) Para medir cantidades de gases.
d) Para determinar los kilopondios.

50. ¿Qué características tendrá un cuchillo de cocina?

a) El peso del cuchillo se distribuirá adecuadamente entre la hoja y el mango.
b) Estará bien afilado.
c) Los mangos serán resistentes.
d) Todas las respuestas anteriores son correctas.

51. ¿Qué hilo se utiliza para bridar?

a) Bramante.
b) Seda.
c) Lana.
d) Cordel.

52. ¿Con cuál de estos utensilios se pueden sacar bolas de fruta?

a) Sacabocados.
b) Cucharilla vaciadora.
c) Vaciador de manzanas.
d) Son correctas las respuestas a) y b).

53. Para aplanar una vianda mediante golpes suaves, utilizaremos:

a) La mechadora.
b) La aguja de bridar.
c) La espuela.
d) La espalmadera.

54. ¿Qué es falso sobre el sistema de línea caliente?

a) El alimento pasa por fases de conservación tras su elaboración.
b) El tiempo de espera hasta el servicio debe ser mínlmo.
c) Tras la cocción ha de mantenerse en caliente.
d) Las respuestas b) y c) son ciertas.

55. ¿Qué tienen los sistemas de línea caliente y fría en común?

a) Requieren puesta en temperatura del plato antes de su consumo.
b) El alimento se mantiene en conservación por frío.
c) No se dejan los alimentos en temperatura de riesgo.
d) Ambos son sistemas de producción de alimentos sin conservación.

56. ¿Qué es el sistema *cook and chill*?

a) Línea fría refrigerada.
b) Línea fría congelada.
c) Línea caliente.
d) Sistema de vacío.

57. ¿Cuál de estos sistemas no incluye una fase de abatimiento?

a) Línea fría refrigerada.
b) *Sous-vide*.
c) Nacka.
d) Línea caliente.

58. ¿Cuál es el orden correcto en el proceso de línea fría congelada?

a) Cocción – regeneración – congelación rápida – servicio.
b) Cocción – congelación rápida – regeneración – servicio.
c) Congelación rápida – cocción – regeneración – servicio.
d) Congelación rápida – regeneración – cocción – servicio.

59. ¿Qué es *sous-vide*?

a) Cocción al vacío.
b) Línea fría.
c) Línea caliente.
d) Abatimiento.

60. ¿Dónde se implantó el sistema NACKA?

a) En España.
b) En Estados Unidos.
c) En Suecia.
d) En el Reino Unido.

61. ¿En qué consiste el sistema NACKA?

a) En envasado al vacío y tratamiento térmico posterior.
b) En envasado al vacío en frío.
c) En refrigeración al vacío.
d) Es un sistema de congelación.

62. Cuando regeneramos un alimento, nos referimos a:

a) Elevar a temperatura de consumo los alimentos.
b) Modificación de sabor y olor de un alimento.

c) Técnica para la eliminación de microorganismos peligrosos que se pueden encontrar en los alimentos antes de su elaboración.
d) Disminución de temperatura de un alimento para su conservación.

63. ¿Qué son las bandejas gastronorm?

a) Son recipientes de dimensiones estandarizadas.
b) Son bandejas que se pueden introducir en los carros de regeneración.
c) Ambas respuestas son correctas.
d) Ambas respuestas son falsas.

64. En la limpieza de las bandejas, el primer lavado se realiza:

a) Con productos desincrustantes y poder bactericida.
b) Con elementos restauradores.
c) Con elementos anticalcáreos.
d) Con elementos oxigenados.

65. La maquinaria se debe limpiar:

a) Una vez a la semana.
b) Cada quince días.
c) Cada vez que se utilice.
d) Cada mes.

66. Las mesas de trabajo en una cocina se fregarán con:

a) Agua y lejía.
b) Agua jabonosa.
c) Agua limpia con bactericida.
d) Producto desincrustante.

67. ¿Cuál de los siguientes equipos se limpian con detergente antigrasa?

a) Las marmitas y rustideras fijas.
b) Los fregaderos.
c) Los lavamanos.
d) La b) y la c) son correctas.

68. Se entiende por cuerpo de cocina:

a) A las planchas y quemadores.
b) A los soportes para el menaje y bandejas recoge grasas.
c) Al módulo donde se genera el calor por distintas fuentes.
d) Ninguna de las anteriores.

69. ¿Qué es la plonge?

a) Un lavavajillas.
b) Es el lugar donde se lavan las marmitas, sartenes, cazuelas y elementos móviles del resto de equipamiento.
c) Es la zona de lavado de la vajilla.
d) Es la zona de lavado mecánico.

70. ¿Qué materiales se evitarán emplear en los equipos y los utensilios empleados en la manipulación de alimentos?

a) Materiales inalterables.
b) De acero inoxidable.
c) De madera.
d) Resistentes a la corrosión y no tóxicos.

71. ¿Qué afirmación es incorrecta sobre los equipos y utensilios empleados en la manipulación de alimentos?

a) Las zonas de manipulación de alimentos dispondrán de accionamiento no manual, dotados de agua fría y caliente, dosificador de jabón líquido y bactericida y toallas de un solo uso.
b) Se recomiendan las máquinas de secado por aire en las cocinas, por su eficacia y no generar riesgos.
c) La maquinaria auxiliar debe ser desmontable y de superficie lisa para facilitar su limpieza.
d) Los materiales de los fregaderos deben ser resistentes e inalterables.

72. Mientras las bandeja pasan por el tren de lavado, los carros se someterán a un proceso de:

a) Prelavado.
b) Limpieza manual con detergente.
c) Desinfección química.
d) Limpieza automatizada con detergente.

73. ¿Qué elemento en el lavavajilla se emplea para que funcione óptimamente el sistema de descalcificación del agua?

a) Detergente.
b) Abrillantador.
c) Agua caliente.
d) Sal.

74. La limpieza de las cámaras frigoríficas ha de ser:

a) Diaria y una sola vez.
b) Diaria y tantas veces como sea necesario.
c) Cada tres días al menos.
d) Una vez a la semana es suficiente.

75. ¿Qué es incorrecto en la limpieza de marmitas y rustideras fijas?

a) Deben quedar, una vez limpios, en perfecto estado para su próxima utilización.
b) No requiere de un secado posterior a su enjuague de limpieza.
c) Deben ser fregados y limpiados cada vez que se han utilizado.
d) Para su limpieza usar agua con detergente antigrasa, y con abundante agua clara para el enjuague.

76. La limpieza y desinfección de los utensilios empleados en la cocina se realizará como mínimo:

a) Antes y después de cada jornada.
b) Después de cada jornada.
c) Cada dos días.
d) Cada tres días.

77. La cadena fría:

a) Ayuda a solucionar la falta de personal durante las noches y/o los fines semana.
b) No existe.
c) Está en experimentación.
d) Es un elemento que existe en las bicicletas.

Solución al test n.º 11

1. d) Todas las anteriores tienen esa utilidad.

2. d) Las respuestas a) y b) son correctas.

3. b) Para elaborar fondos.

4. a) De 2 a 6 litros.

5. d) Rustidera.

6. a) Pudding.

7. a) La masa fermenta dentro.

8. a) Saltear, rehogar y estofar géneros.

9. d) Todas son correctas.

10. a) Se usa para mantener calientes ciertas elaboraciones.

11. b) Para homogeneizar el grosor de ciertos alimentos como la harina.

12. b) La maquinaria ha de estar debidamente aislada para evitar toda pérdida de energía.

13. b) Con una válvula de seguridad.

14. c) La placa de inducción permanece fría al retirar el recipiente.

15. a) Absorber los vapores y gases desprendidos en la cocción.

16. c) Todos los anteriores.

17. d) Las respuestas a) y b) son correctas.

18. a) Solo transmiten calor cuando entran en contacto con el recipiente.

19. d) Todas las respuestas anteriores son correctas.

20. c) Las respuestas a) y b) son correctas.

21. d) Ninguna respuesta de las anteriores es correcta.

22. d) Todas las respuestas son correctas.

23. c) Bajar la temperatura del alimento.

24. b) Cámara de congelación.

25. d) Son ciertas las respuestas a) y b).

26. a) Son mesas de trabajo de acero inoxidable y en su parte inferior tiene instalado un sistema frigorífico.

27. d) Todas las respuestas son correctas.

28. a) Por batido y enfriamiento.

29. c) Una gratinadora.

30. d) Todas las respuestas son ciertas.

31. a) Ondas electromagnéticas.

32. a) No meter nunca recipientes metálicos.

33. b) El vapor sale por la válvula.

34. b) Asegurar una temperatura idéntica en todo el recipiente.

35. a) Frotando con un poco de mantequilla.

36. a) En ensartadoras giratorias.

37. d) Conservar.

38. c) Esteriliza el género.

39. c) Para mantener los platos calientes antes del servicio.

40. a) Un generador de calor.

41. b) Con agua.

42. d) Todas las respuestas son correctas.

43. b) Picadora.

44. c) Para crear masas, cremas y salsas.

45. b) Amasadora.

46. a) Girando.

47. a) El peso.

48. d) Son correctas las respuestas a) y b), entre otras muchas funciones.

49. b) Para medir cantidades de líquidos.

50. d) Todas las respuestas anteriores son correctas.

51. a) Bramante.

52. d) Son correctas las respuestas a) y b).

53. d) La espalmadera.

54. a) El alimento pasa por fases de conservación tras su elaboración.

55. c) No se dejan los alimentos en temperatura de riesgo.

56. a) Línea fría refrigerada.

57. d) Línea caliente.

58. b) Cocción – congelación rápida – regeneración – servicio.

59. a) Cocción al vacío.

60. c) En Suecia.

61. a) En envasado al vacío y tratamiento térmico posterior.

62. a) Elevar a temperatura de consumo los alimentos.

63. c) Ambas respuestas son correctas.

64. a) Con productos desincrustantes y poder bactericida.

65. c) Cada vez que se utilice.

66. b) Agua jabonosa.

67. a) Las marmitas y rustideras fijas.

68. c) Al módulo donde se genera el calor por distintas fuentes.

69. b) Es el lugar donde se lavan las marmitas, sartenes, cazuelas y elementos móviles del resto de equipamiento.

70. c) De madera.

71. b) Se recomiendan las máquinas de secado por aire en las cocinas, por su eficacia y no generar riesgos.

72. c) Desinfección química.

73. d) Sal.

74. b) Diaria y tantas veces como sea necesario.

75. b) No requiere de un secado posterior a su enjuague de limpieza.

76. b) Después de cada jornada.

77. a) Ayuda a solucionar la falta de personal durante las noches y/o los fines semana.

Protección medioambiental

– **Tipos de contaminación ambiental**
– **Principales riesgos medioambientales relacionados con las funciones de la categoría**
– **Tratamiento de residuos hosteleros. Gestión de residuos. Tipos de residuos**

1. ¿Qué se entiende por desarrollo sostenible?

a) Aquel que satisface las necesidades de las generaciones presentes, comprometiendo las posibilidades de las generaciones futuras para atender las suyas.

b) Aquel que permite el desarrollo de las generaciones futuras, a costa de obviar las necesidades presentes.

c) Aquel que satisface las necesidades de las generaciones presentes, sin comprometer las posibilidades de las generaciones futuras para atender las suyas.

d) Es un concepto que todavía está por definir.

2. ¿Cuáles de las siguientes finalidades engloba el concepto de desarrollo sostenible?

a) Desarrollo económico.

b) Sostenibilidad ambiental.

c) Equidad social.

d) Todas las respuestas son correctas.

3. ¿Qué plantea básicamente el Informe Brundtland en 1987?

a) Que la protección y conservación del medio ambiente debe basarse en el concepto de desarrollo sostenible.

b) Que se debe frenar el desarrollo económico e industrial, para proteger el medio ambiente.

c) Que el desarrollo económico y la sostenibilidad ambiental son conceptos incompatibles.

d) Todas las respuestas son correctas.

4. ¿Qué es la Agenda 21?

a) Un convenio sobre cambio climático.
b) Un programa de acción para alcanzar los objetivos del desarrollo sostenible en todos los países.
c) Una declaración sobre medio ambiente y desarrollo.
d) Un documento donde se programan todas las reuniones que tendrán lugar en el siglo 21.

5. ¿Qué efecto tienen los incendios sobre el medio ambiente?

a) Liberación de CO_2 a la atmósfera.
b) Liberación de CFCs a la atmósfera.
c) Deforestación.
d) Las opciones a) y c) son correctas.

6. ¿Cuáles son las consecuencias del cambio climático?

a) Disminución de la lluvia y largos periodos de sequía.
b) Lluvias torrenciales e inundaciones.
c) Deshielo de glaciares.
d) Todas las respuestas son correctas.

7. ¿Qué problemas causa el ozono troposférico?

a) Se ha formado un agujero en la capa.
b) Resulta perjudicial para la salud humana a elevadas concentraciones.
c) Se desplaza a los polos dejando desprotegidas otras zonas de la tierra.
d) Todas las respuestas son correctas.

8. Indica cuál de las siguientes afirmaciones es falsa:

a) El suelo puede contaminarse por acumulación de determinadas sustancias.
b) Cuando su capacidad de almacenamiento llega al límite, los contaminantes son liberados a otros medios.
c) Los contaminantes del suelo no van a entrar en la cadena trófica.
d) Las respuestas a) y b) son correctas.

9. Los objetivos que se establecen respecto a los residuos, por orden de prioridad, son:

a) Reducción, reutilización, reciclado, eliminación y otras formas de valorización.
b) Reutilización, reciclado, reducción y eliminación.
c) Reciclado, reducción, reutilización y eliminación.
d) Eliminación, reciclado, reutilización y reducción.

10. ¿Qué es la valorización de los residuos?

a) Cualquier procedimiento que permita el aprovechamiento de los recursos contenidos en los residuos, sin poner en peligro la salud humana.
b) La reducción de los residuos.
c) La reutilización de los residuos, sin poner en peligro la salud humana.
d) Ninguna respuesta es correcta.

11. ¿Cuáles de los siguientes parámetros se usan para definir la calidad del agua?

a) Concentración, temperatura y turbidez.
b) DBO y DQO.
c) CFCs y COVs.
d) Las respuestas a) y b) son correctas.

12. ¿Qué consecuencias tiene la concentración de materia orgánica en el agua de los ríos?

a) La eutrofización.
b) La proliferación de todas las especies animales.
c) El aumento de la biodiversidad.
d) Todas las anteriores.

13. ¿A partir de qué intensidad de ruido se entra en el umbral del dolor para el oído humano?

a) 80 dB.
b) 120 dB.
c) 20 dB.
d) 1200 dB.

14. ¿Qué contenido contaminante lleva el agua procedente del fregado de la vajilla?

a) Restos de suciedades orgánicas.
b) Resto de productos.
c) Ambas respuestas son correctas.
d) Ambas respuestas son falsas.

15. ¿Qué efectos tienen los fosfatos que componen los detergentes?

a) Eutrofización de las aguas.
b) Contaminación atmosférica.
c) Contaminación lumínica.
d) Cambios de pH.

16. ¿Qué es la biodegradabilidad?

a) La capacidad no contaminante.
b) La capacidad de ser degradado de forma natural.
c) Una propiedad de todos los detergentes.
d) La posibilidad de acumulación en los ríos.

17. Los productos de limpieza en seco, ¿son contaminantes?

a) Sí, porque llevan disolventes.
b) No.
c) Sí, porque llevan tensioactivos.
d) No, porque sólo generan espuma.

18. ¿Cuál de las siguientes actividades contribuye a la contaminación atmosférica?

a) El consumo de combustible por los vehículos de distribución de alimentos elaborados.
b) Todos los procesos de conservación de los alimentos.
c) La emisión de CFC por el uso de maquinaria de cocina.
d) Todas las anteriores actividades emiten gases de efecto invernadero.

19. ¿Cuál de los siguientes componentes de los detergentes no es biodegradable?

a) Tensioactivos.
b) Citratos.
c) Fosfatos.
d) Ninguno de los anteriores es biodegradable.

20. ¿Por qué resulta contaminante el consumo energético en la cocina?

a) Por lo elevado que es.
b) Porque durante la generación de energía se producen contaminantes atmosféricos.
c) Por la contaminación lumínica.
d) Las opciones a) y b) son correctas.

21. ¿Qué son los lodos de depuración?

a) Restos de alimentos que se vierten en el agua.
b) Restos de contaminantes y bacterias muertas que se vierten con el agua.
c) Restos de contaminantes y bacterias muertas resultantes del proceso de depuración de agua.
d) Residuos reutilizables para depuración.

22. ¿Qué destino se le dará a los lodos de depuración?

a) Reciclado.
b) Incineración.

c) Depósito en vertederos.
d) Reutilización.

23. ¿Qué problemas origina la basura orgánica?

a) Son un medio ideal para la multiplicación de los microorganismos.
b) Atraen frecuentemente insectos, roedores y otros animales que ayudan a la propagación de algunas enfermedades.
c) Empiezan a descomponerse en poco tiempo y generan mal olor.
d) Todas las respuestas son correctas.

24. ¿Cómo se clasifican los residuos generados en la cocina de un hospital?

a) Urbanos.
b) Sanitarios urbanos.
c) Sanitarios asimilables a urbanos.
d) Citotóxicos y biosanitarios.

25. ¿Cuál de las siguientes afirmaciones no es correcta?

a) Los desperdicios de alimentos y de otro tipo podrán acumularse en locales por los que circulen alimentos.
b) Los desperdicios de alimentos y de otro tipo se depositarán en contenedores provistos de cierre, a menos que la autoridad competente permita el uso de otros contenedores.
c) Los depósitos de desperdicios estarán diseñados de forma que puedan mantenerse limpios e impedir el acceso de insectos y otros animales indeseables y la contaminación de los alimentos, del agua potable, del equipo o de los locales.
d) Las opciones a) y c) no son correctas.

26. ¿Qué son los envases?

a) Recipientes que se utilizan para acumular directamente los residuos.
b) Recipientes que se utilizan para acumular bolsas.
c) Contenedores.
d) Las opciones b) y c) son correctas.

27. ¿Qué características tendrán los contenedores de basura?

a) Impermeables.
b) De fácil limpieza.
c) Con tapa de cierre hermético.
d) Todas las respuestas son correctas.

28. ¿Qué requisitos debe cumplir el traslado interno de los residuos?

a) Supondrá un riesgo para el personal.
b) No se trasvasarán residuos de un envase a otro.

c) Los circuitos utilizados no serán de uso exclusivo.
d) Todas las respuestas son correctas.

29. ¿Qué afirmación es correcta sobre los restos de comida?

a) Los depósitos intermedios para residuos no tendrán salida al exterior para evitar el acceso de personas no autorizadas.
b) Los depósitos intermedios serán refrigerados para evitar la proliferación de microorganismos.
c) Los depósitos intermedios no dispondrán de ventilación para evitar la propagación de olores.
d) Todas las afirmaciones anteriores son correctas.

30. ¿Qué se debe hacer con los aceites usados en cocina?

a) Deben recogerse en recipientes metálicos especiales para su posterior incineración.
b) Se tirarán por el desagüe.
c) No son contaminantes, por lo que no requieren ningún tratamiento especial.
d) Se depositan en los vertederos.

31. ¿Qué destino tienen los residuos sólidos urbanos?

a) Se incineran.
b) Se guardan en depósitos de seguridad.
c) Se depositan en vertederos controlados, según recoge la Ley de Residuos Sólidos Urbanos sobre recogida y tratamiento de desechos.
d) Se reciclan.

32. ¿Qué tipo de residuos constituyen los papeles generados en los despachos de un Centro de Salud?

a) Urbanos.
b) Sanitarios.
c) Forestales.
d) Ninguna es correcta.

33. ¿Cómo se clasifican los residuos industriales?

a) Asimilables a urbanos y citotóxicos.
b) Inertes, asimilables a urbanos y tóxicos.
c) Tóxicos y peligrosos, y asimilables a urbanos.
d) Hospitalarios, urbanos y reciclables.

34. ¿Qué fin tienen los residuos radiactivos?

a) Incineración.
b) Vertederos.

c) Almacenamiento.
d) Todas las posibilidades son válidas.

35. ¿Qué es falso sobre los depósitos intermedios de residuos?

a) Serán refrigerados.
b) Tendrán entrada desde la cocina y salida al exterior.
c) Es el lugar donde se llevará a cabo la destrucción de los residuos.
d) Las opciones a) y b) son falsas.

36. ¿Cómo serán los circuitos utilizados para el traslado interno de residuos?

a) Exclusivos.
b) Separados de las vías para público.
c) De un solo sentido.
d) Las opciones a) y b) son correctas.

37. ¿Cómo puede eliminarse los residuos sólidos asimilables a urbanos?

a) Triturándolos en vertederos controlados.
b) Depositándolos en vertederos incontrolados.
c) Por incineración.
d) Todas las respuestas son correctas.

38. ¿De qué año es la Ley de residuos y suelos contaminados para una economía circular?

a) 2011.
b) 2016.
c) 2020.
d) 2022.

39. ¿En qué caso es de aplicación la Ley 7/2022, de 8 de abril, de residuos y suelos contaminados para una economía circular?

a) Suelos contaminados.
b) Residuos radiactivos.
c) Los explosivos desclasificados.
d) Todas las respuestas son correctas.

40. ¿Cuál de los siguientes es un biorresiduo?

a) Residuos biodegradables vegetales.
b) Residuos de industrias en las que se transforman alimentos.
c) Restos de comidas de los servicios de restauración colectiva.
d) Todas las respuestas son correctas.

41. Según la Ley 7/2022, de 8 de abril, de residuos y suelos contaminados para una economía circular, un poseedor de residuos es:

a) Una instalación de almacenamiento en el ámbito de la recogida de una entidad local, donde se recogen de forma separada los residuos domésticos.

b) El productor de residuos u otra persona física o jurídica que esté en posesión de residuos.

c) Cualquier persona física o jurídica que desarrolle, fabrique, procese, trate, llene, venda o importe productos de forma profesional, con independencia de la técnica de venta utilizada en su introducción en el mercado nacional.

d) Persona encargada de desempeñar los cometidos previstos en la ley, que designen, en su ámbito respectivo de competencias.

42. ¿Con qué siglas se nombran a los residuos que, generalmente liberando oxígeno, pueden provocar o facilitar la combustión de otras sustancias?

a) HP 2.
b) HP 7.
c) HP 8.
d) HP 9.

43. ¿Qué ley deroga la Ley 7/2022, de 8 de abril, de residuos y suelos contaminados para una economía circular?

a) La Ley 37/2009, de 17 de enero, de residuos y suelos contaminados.
b) La Ley 33/2010, de 9 de abril, de residuos y suelos contaminados.
c) La Ley 5/2011, de 30 de septiembre, de residuos y suelos contaminados.
d) La Ley 22/2011, de 28 de julio, de residuos y suelos contaminados.

44. La Ley 7/2022, de 8 de abril, de residuos y suelos contaminados para una economía circular, no es aplicable a:

a) Los explosivos desclasificados.
b) Los suelos contaminados.
c) Los productos fabricados con plástico oxodegradable.
d) Los artes de pesca que contienen plásticos.

45. ¿Qué consideración otorga la Ley 7/2022, de 8 de abril, a los animales domésticos muertos y los vehículos abandonados?

a) Residuos industriales.
b) Residuos domésticos.
c) Residuos comerciales.
d) Residuos municipales.

46. ¿Cómo define la Ley 7/2022, de 8 de abril, a cualquier sustancia u objeto que su poseedor deseche o tenga la intención o la obligación de desechar?

a) Resto.
b) Sobrante.
c) Despojo.
d) Residuo.

47. ¿Qué consideración otorga la Ley 7/2022, de 8 de abril, a los subproductos?

a) Que la sustancia u objeto se pueda utilizar directamente sin tener que someterse a una transformación ulterior distinta de la práctica industrial habitual.
b) Aquel cuyas características han sido alteradas negativamente por la presencia de componentes químicos de carácter peligroso.
c) Residuos resultantes de los procesos de producción, fabricación, transformación, utilización, consumo, limpieza o mantenimiento generados por la actividad industrial como consecuencia de su actividad principal.
d) Cualquier operación cuyo resultado principal sea que el residuo sirva a una finalidad útil al sustituir a otros materiales.

48. ¿Cómo define la Ley 7/2022, de 8 de abril, de residuos y suelos contaminados para una economía circular, a toda persona física o jurídica que organice la valorización o la eliminación de residuos por encargo de terceros?

a) Gestor de residuos.
b) Agente.
c) Negociante.
d) Autoridad competente.

49. ¿Qué es falso sobre los residuos inertes?

a) No son peligrosos y no experimentan transformaciones físicas, químicas o biológicas significativas.
b) Los lixiviados de estos residuos no experimentan transformaciones físicas, químicas o biológicas significativas.
c) Deben ser incinerados.
d) Serán depositados en vertederos.

50. ¿Cuál de los siguientes residuos no son admisibles en un vertedero, según EL Real Decreto 646/2020, de 7 de julio?

a) Comida.
b) Neumáticos de camión.
c) Colchones.
d) Ropa.

51. ¿Qué forma tiene el símbolo de reciclaje?

a) Tres flechas giradas para formar un anillo.
b) Una persona tirando algo a un contenedor.
c) Un triángulo con una C en su interior.
d) Un contenedor de basura tachado.

52. ¿Cuándo fue creado el símbolo del punto verde?

a) En 1980.
b) En 1991.
c) En 2010.
d) En 2019.

53. ¿Con qué siglas se nombran a los residuos que, que contienen una o varias sustancias que se sabe tienen efectos sensibilizantes para la piel o los órganos respiratorios?

a) HP 4.
b) HP 7.
c) HP 12.
d) HP 13.

54. ¿Cómo debe ser el llenado de las bolsas de basura de una cocina como máximo?

a) Hasta 2/3 de su capacidad.
b) Hasta la mitad.
c) Se puede aprovechar hasta el final.
d) Todas son correctas.

55. ¿En qué consiste la pirolisis?

a) Es un proceso mediante el cual se transforma la materia orgánica de los residuos urbanos en un gas.
b) Es un tratamiento para la materia orgánica procedente de la fracción resto.
c) En la degradación térmica de los residuos en ausencia de oxígeno.
d) La trituración del vidrio.

56. ¿De qué color es el contenedor donde se debe depositar el cartón?

a) Azul.
b) Verde.
c) Amarillo.
d) Gris.

57. Los biorresiduos se recogerán en bolsas compostables que cumplan la norma europea:

a) EN 13432:2000 u otros estándares europeos y nacionales sobre compostabilidad de plásticos.

b) Directiva Europea 2018/852 relativa a los envases y residuos de envases.

c) Directiva (UE) 2019/904 del Parlamento Europeo y del Consejo, de 5 de junio de 2019, relativa a la reducción del impacto de determinados productos de plástico en el medio ambiente.

d) NTP 838 Recogida, transporte y almacenamiento de residuos sanitarios.

Solución al test n.º 12

1. c) Aquel que satisface las necesidades de las generaciones presentes, sin comprometer las posibilidades de las generaciones futuras para atender las suyas.

2. d) Todas las respuestas son correctas.

3. a) Que la protección y conservación del medio ambiente debe basarse en el concepto de desarrollo sostenible.

4. b) Un programa de acción para alcanzar los objetivos del desarrollo sostenible en todos los países.

5. d) Las opciones a) y c) son correctas.

6. d) Todas las respuestas son correctas.

7. b) Resulta perjudicial para la salud humana a elevadas concentraciones.

8. c) Los contaminantes del suelo no van a entrar en la cadena trófica.

9. a) Reducción, reutilización, reciclado, eliminación y otras formas de valorización.

10. a) Cualquier procedimiento que permita el aprovechamiento de los recursos contenidos en los residuos, sin poner en peligro la salud humana.

11. d) Las respuestas a) y b) son correctas.

12. a) La eutrofización.

13. b) 120 dB.

14. c) Ambas respuestas son correctas.

15. a) Eutrofización de las aguas.

16. b) La capacidad de ser degradado de forma natural.

17. a) Sí, porque llevan disolventes.

18. a) El consumo de combustible por los vehículos de distribución de alimentos elaborados.

19. c) Fosfatos.

20. d) Las opciones a) y b) son correctas.

21. c) Restos de contaminantes y bacterias muertas resultantes del proceso de depuración de agua.

22. b) Incineración.

23. d) Todas las respuestas son correctas.

24. c) Sanitarios asimilables a urbanos.

25. a) Los desperdicios de alimentos y de otro tipo podrán acumularse en locales por los que circulen alimentos.

26. a) Recipientes que se utilizan para acumular directamente los residuos.

27. d) Todas las respuestas son correctas.

28. b) No se trasvasarán residuos de un envase a otro.

29. b) Los depósitos intermedios serán refrigerados para evitar la proliferación de microorganismos.

30. a) Deben recogerse en recipientes metálicos especiales para su posterior incineración.

31. c) Se depositan en vertederos controlados, según recoge la Ley de Residuos Sólidos Urbanos sobre recogida y tratamiento de desechos.

32. a) Urbanos.

33. b) Inertes, asimilables a urbanos y tóxicos.

34. c) Almacenamiento.

35. c) Es el lugar donde se llevará a cabo la destrucción de los residuos.

36. d) Las opciones a) y b) son correctas.

37. c) Por incineración.

38. d) 2022.

39. a) Suelos contaminados.

40. d) Todas las respuestas son correctas.

41. b) El productor de residuos u otra persona física o jurídica que esté en posesión de residuos.

42. a) HP 2.

43. d) La Ley 22/2011, de 28 de julio, de residuos y suelos contaminados.

44. a) Los explosivos desclasificados.

45. b) Residuos domésticos.

46. d) Residuo.

47. a) Que la sustancia u objeto se pueda utilizar directamente sin tener que someterse a una transformación ulterior distinta de la práctica industrial habitual.

48. b) Agente.

49. c) Deben ser incinerados.

50. b) Neumáticos de camión.

51. a) Tres flechas giradas para formar un anillo.

52. b) En 1991.

53. d) HP 13.

54. a) Hasta 2/3 de su capacidad.

55. c) En la degradación térmica de los residuos en ausencia de oxígeno.

56. a) Azul.

57. a) EN 13432:2000 u otros estándares europeos y nacionales sobre compostabilidad de plásticos.

TEST N.º 13

Prevención de riesgos laborales específicos de la categoría

- **Recomendaciones generales**
- **Equipos de protección individual (EPIS)**
- **Posibles riesgos laborales y medidas preventivas del personal de un servicio de cocina**
- **Actuación frente a un incendio. Tipos de extintores**
- **Nociones básicas sobre primeros auxilios**

1. ¿Qué Ley regula la prevención de riesgos laborales en España?

a) Ley 31/1995, de 8 de noviembre.
b) Real Decreto 513/2017, de 22 de mayo.
c) Ley 17/2011, de 5 de julio.
d) Ley 28/2015, de 30 de julio.

2. ¿Qué se entiende por "riesgo laboral"?

a) La posibilidad de que un trabajador sufra un determinado daño derivado del trabajo.
b) La posibilidad de que un trabajador sufra una enfermedad en el trabajo.
c) La posibilidad de que un trabajador sufra acoso.
d) El riesgo que supone el ir a trabajar.

3. Toda lesión corporal que el trabajador sufra con ocasión del trabajo que ejerza por cuenta ajena:

a) Es un riesgo laboral.
b) Es un accidente de trabajo.
c) Es una enfermedad profesional.
d) Es una simple circunstancia.

4. Entre los principios de la acción preventiva recogidos por el artículo 15 de la Ley de Prevención de Riesgos Laborales, no figura:

a) Evitar los riesgos.
b) Evaluar los riesgos que se puedan evitar.
c) Tener en cuenta la evolución de la técnica.
d) Dar las debidas instrucciones a los trabajadores.

5. En relación a la vigilancia de la salud que ha de garantizar el empresario, el acceso a la información médica de carácter personal:

a) Se limitará al empresario y a los Servicios de Prevención propios.
b) Se limitará al Jefe inmediato del trabajador.
c) Sólo será accesible al propio trabajador.
d) Se limitará al personal médico y a las autoridades sanitarias que lleven a cabo la vigilancia.

6. Según el artículo 19 de la Ley de Prevención de Riesgos Laborales, la formación teórica y práctica en materia preventiva deberá:

a) Impartirse en horario dentro de la jornada de trabajo.
b) Impartirse por igual en jornada de trabajo y fuera del horario de trabajo.
c) Impartirse, siempre que sea posible, dentro de la jornada de trabajo o, en su defecto, en otras horas, pero con el descuento en aquella del tiempo invertido en la misma.
d) La formación teórica siempre debe ser en horario dentro de la jornada de trabajo y la formación práctica puede impartirse tanto dentro como fuera de la jornada de trabajo.

7. ¿Cuándo se deben utilizar los equipos de protección individual?

a) Siempre.
b) Cuando los riesgos no hayan sido evaluados.
c) Cuando los riesgos no se puedan evitar o no puedan limitarse.
d) Cuando el trabajador lo estime oportuno.

8. La prevención de riesgos laborales deberá integrarse en el sistema general de gestión de la empresa a través de:

a) La política preventiva.
b) El plan de prevención.
c) El consenso de las partes.
d) El poder de decisión del empresario.

9. ¿Cuál de los siguientes factores de riesgo es un agente biológico?

a) Ruido.
b) Bacterias.

c) Frio.
d) Lejía.

10. ¿Qué se considera accidente *in itinere*?

a) Las lesiones sufridas durante el tiempo y en el lugar de trabajo
b) Es aquel que sufre el trabajador/a al ir al trabajo o al volver de este.
c) Accidentes producidos con ocasión de las tareas desarrolladas aunque sean distintas a las habituales.
d) Son los sufridos con ocasión o por consecuencia del desempeño de cargo electivo de carácter sindical.

11. Eliminar la suciedad, papeles, derrames, grasas, desperdicios y obstáculos contra los que se pueda tropezar y retirar los objetos innecesarios y utensilios que no se estén utilizando, es una medida preventiva para evitar:

a) Caídas al mismo nivel.
b) Cortes y heridas.
c) Incendios.
d) Todas con correctas.

12. Señala cuál de las siguientes opciones no es una medida preventiva, frente a quemaduras por el contacto con objetos o gases calientes:

a) Comprar máquinas y utensilios seguros que tengan el marcado CE.
b) No llenar los recipientes hasta arriba.
c) Comprobar el termostato de la freidora antes de la introducción de alimentos.
d) Todas son correctas.

13. No es un factor de riesgo de incendio y explosión:

a) Sólidos inflamables (papel, trapos, cajas).
b) Sustancias cáusticas y corrosivas.
c) Líquidos inflamables (disolventes, alcoholes).
d) Presencia de focos de ignición.

14. Es un riesgo ergonómico:

a) Estar en contacto con productos que contienen sustancias químicas peligrosas.
b) Realizar trabajos con manejo de cargas o posturas forzadas.
c) Las situaciones de trabajo que producen estrés.
d) Todos son riesgos ergonómicos.

15. Los equipos de protección individual están destinados:

a) Al uso personal.
b) A la comunidad.
c) A un equipo de trabajo.
d) A quien lo necesite.

16. ¿Qué actuaciones debe adoptar el empresario para la elección de los equipos de protección?

a) Analizar y evaluar los riesgos existentes que no puedan evitarse o limitarse suficientemente por otros medios.
b) Definir las características que deberán reunir los equipos de protección individual para garantizar su función.
c) Comparar las características de los equipos de protección individual existentes en el mercado.
d) Todas son correctas.

17. Los equipos filtrantes de partículas se utilizan para la protección de:

a) Los ojos y de la cara.
b) Las vías respiratorias.
c) La piel.
d) Manos y brazos.

18. ¿Cuál es la primera medida que debe realizar el socorrista en caso de quemadura?

a) Suprimir la causa que produce la quemadura: apagar las llamas, eliminar los ácidos, etc.
b) Mantener los signos vitales.
c) Examinar el cuerpo de la persona accidentada.
d) Aplicar agua en abundancia en la quemadura para enfriarla y reducir el dolor.

19. No es una actuación que deba adoptarse en caso de incendio:

a) Localizar el origen de la incidencia.
b) Clasificar la magnitud del incendio (Conato, Emergencia Parcial o General).
c) Comunicar el hecho al Jefe de Emergencia o de Primera Intervención a su sustituto, facilitándole la mayor cantidad de datos posibles del siniestro.
d) Ante cualquier circunstancia, apagar el fuego con cualquier extintor que se tenga a mano.

20. Los extintores de incendio portátiles:

a) Están concebidos para que puedan ser llevados y utilizados a mano teniendo en condiciones de funcionamiento una masa igual o inferior a 15 kg.
b) Están concebidos para que puedan ser llevados y utilizados a mano teniendo en condiciones de funcionamiento una masa igual o inferior a 20 kg.

c) Están concebidos para que puedan ser llevados y utilizados a mano teniendo en condiciones de funcionamiento una masa igual o inferior a 25 kg.

d) Están concebidos para que puedan ser llevados y utilizados a mano teniendo en condiciones de funcionamiento una masa igual o inferior a 30 kg.

21. En la selección de un extintor portátil, el agente extintor adecuado para las clases de fuego A (sólidos), B (líquidos) y C (gases) son:

a) Polvo BC (convencional).
b) Polvo ABC (polivalente).
c) Espuma física.
d) Hidrocarburos halogenados.

22. ¿Para qué tipo de trabajos se utilizan los mandiles antiperforantes?

a) Trabajos de deshuesado y troceado.
b) Trabajos de soldadura.
c) Manipulación de objetos con aristas cortantes, salvo que se utilicen máquinas con riesgo de que el guante quede atrapado.
d) Manipulación o utilización de productos ácidos y alcalinos.

23. Es una obligación por parte de trabajador:

a) Cuidar correctamente los equipos de protección individual.
b) Colocar el equipo de protección individual después de su utilización en el lugar indicado para ello.
c) Informar de inmediato a su superior de cualquier defecto apreciado en el equipo de protección individual utilizado.
d) Todas son correctas.

24. Una rampa se considera como un pasillo con una pendiente que no deberá ser mayor que el 12 %:

a) Cuando su longitud sea menor que 5 m.
b) Cuando su longitud sea menor que 6 m.
c) Cuando su longitud sea menor que 2 m.
d) Cuando su longitud sea menor que 3 m.

25. Ineludiblemente, toda persona que pueda verse involucrada en una emergencia:

a) Debe ser avisada con antelación de qué debe hacer y cómo debe hacerlo.
b) La realización de simulacros periódicos no mejora en nada la preparación de los intervinientes en una posible emergencia.
c) Es la única responsable de su propia información y formación sobre emergencias.
d) Debe saber y poder manejar todos los equipos de extinción existentes en el mercado.

26. En materia de protección contra incendios, los EPI son:

a) Los equipos de protección colectiva.
b) Los equipos de primera intervención.
c) Los equipos para intervenir.
d) Los equipos personales imprescindibles.

27. El aviso o señal por la que se informa a las personas para que sigan instrucciones específicas ante una situación de emergencia se denomina:

a) Alarma.
b) Alerta.
c) Actividad.
d) Autoprotección.

28. La evacuación consiste en:

a) Acción de traslado planificado de las personas, afectadas por una emergencia, de un lugar a otro provisional seguro.
b) La respuesta a la emergencia, para proteger y socorrer a las personas y los bienes.
c) Máximo número de personas que puede contener un edificio, espacio, establecimiento, recinto, instalación o dependencia, en función de la actividad o uso que en él se desarrolle.
d) Probabilidad de que se produzca un efecto dañino específico en un período de tiempo determinado o en circunstancias determinadas.

29. El documento perteneciente al plan de autoprotección en el que se prevé la organización de la respuesta ante situaciones de emergencias clasificadas, las medidas de protección e intervención a adoptar, y los procedimientos y secuencia de actuación para dar respuesta a las posibles emergencias se denomina:

a) Plan de prevención y control de riesgos.
b) Plan de actuación de emergencias.
c) Plan de autoprotección.
d) Plan de intervención.

30. Para el accionamiento del extintor se comienza por:

a) Quitar el pasador de seguridad tirando de su anilla.
b) Apretando la palanca hacia la maneta fija.
c) Empuñando la boquilla de la manguera.
d) Dirigiendo el chorro hacia la parte más alta de las llamas.

31. Es una Norma a tener en cuenta en una evacuación en caso de incendio:

a) Al activarse la señal de evacuación, salir corriendo lo más rápido posible.
b) Mantener la calma. Indicar al personal de la zona la necesidad de evacuar el centro, por las salidas definidas (siempre que estas estén practicables).

c) Permitir la recogida de objetos personales a los ocupantes del edificio.

d) Usar los ascensores para una más rápida y ordenada evacuación.

32. Según la Ley 31/1995 de Prevención de Riesgos Laborales, son obligaciones de los trabajadores en materia de prevención de riesgos:

a) Evaluar los riesgos que no se puedan evitar.

b) Utilizar correctamente los medios y equipos de protección facilitados por el empresario, de acuerdo con las instrucciones recibidas de éste.

c) Conocer la evaluación de riesgos.

d) Tener en cuenta la evolución de la técnica.

33. Un agente propulsor habitual en extintores portátiles es:

a) El nitrógeno.

b) El oxígeno.

c) El metano.

d) El ozono.

34. ¿Cuál de las siguientes maniobras no está incluida en la RCP?

a) Apertura de las vías aéreas.

b) Observación de la temperatura.

c) Ventilación.

d) Masaje cardíaco.

35. En la valoración de la respiración, el reanimador comprobará:

a) Si el individuo respira con normalidad para cualquier tipo de víctima.

b) Si el individuo respira con normalidad si se trata de un adulto.

c) Si el individuo respira o no respira en caso de un niño o lactante.

d) Las respuestas b) y c) son correctas.

36. Si una víctima presenta una obstrucción leve de las vías respiratorias:

a) Se le darán cinco palmadas fuertes en la espalda.

b) Se realizarán cinco compresiones abdominales.

c) Se le animará a que continúe tosiendo.

d) Todas las respuestas anteriores son correctas.

37. El trabajador debe recibir información, en materia de prevención de riesgos laborales sobre:

a) Los riesgos específicos que afecten a su puesto de trabajo.

b) Las medidas de protección a utilizar.

c) Las medidas de prevención.
d) Todas las respuestas son correctas.

38. ¿Qué derecho tendrá el trabajador en caso de riesgo grave e inminente?

a) A interrumpir su actividad sin abandonar el lugar de trabajo.
b) A interrumpir su actividad y abandonar el lugar de trabajo en caso necesario.
c) A decidir sobre la continuidad de la tarea en ese lugar.
d) No tiene ningún derecho específico en este caso.

39. ¿En qué caso se debe realizar la evaluación de riesgos?

a) Para la elección de equipos de trabajo.
b) Para la elección de sustancias químicas.
c) Para acondicionar los lugares de trabajo.
d) Todas las respuestas son correctas.

40. ¿Cuál/es de estas medidas preventivas ayudarán a evitar las quemaduras en el trabajo?

a) Orientar los mangos de los recipientes hacia el interior de los fogones.
b) Evitar el desbordamiento de líquidos calientes comprobando los niveles antes de la introducción de alimentos.
c) Evitar el desbordamiento comprobando los niveles antes de la introducción de alimentos.
d) Todas las respuestas son correctas.

41. ¿Cómo se denomina la fuerza del ruido?

a) Tono.
b) Intensidad.
c) Timbre.
d) Volumen.

42. ¿Qué causa de riesgo se asocia caídas a distinto mismo nivel?

a) Calzado inadecuado.
b) Falta de orden y limpieza.
c) Suelos mojados o resbaladizos.
d) Limpieza de escaleras fijas.

43. ¿Cuál es el peso máximo que se recomienda no sobrepasar (en kg), en condiciones ideales de manipulación?

a) 5 kg.
b) 20 kg.

c) 25 kg.
d) 35 kg.

44. Para la manipulación de cargas en postura sentada (en kg), no deberían manipularse cargas de más de:

a) 1 kg.
b) 5 kg.
c) 10 kg.
d) 15 kg.

45. De los siguientes tipos de extintores, ¿cuál es el más adecuado en caso de un fuego con presencia de tensión eléctrica?

a) Extintor de agua.
b) Extintor de polvo convencional.
c) Extintor de anhídrido carbónico (CO_2).
d) No se puede utilizar ningún extintor en presencia de tensión eléctrica.

46. Cuando tenemos en la cocina un fuego debido a aceite ardiendo, ¿qué agente extintor no se debe utilizar?

a) Agua a chorro.
b) Espuma física.
c) Polvo ABC (polivalente).
d) Polvo BC (convencional).

47. ¿Hacia dónde se debe dirigir el chorro del extintor?

a) Hacia la parte superior de la llama.
b) Hacia la base de la llama.
c) No debe utilizar el extintor.
d) Los extintores de cocina no sirven para estos casos.

48. Una actuación de "evacuación" se realizará cuando:

a) La situación de emergencia producida por un fuego en cocina no se puede controlar y es necesario proceder al desalojo de los profesionales del servicio.
b) La situación de emergencia producida por un fuego en cocina ya ha sido controlada y se ha de volver al servicio de cocina.
c) La situación de emergencia derive exclusivamente de una catástrofe natural externa al Hospital.
d) La situación de emergencia se dé exclusivamente en el servicio de radiología del Hospital.

49. ¿Cuál de los siguientes equipos es un Equipo de Protección Individual (EPI)?

a) El extintor.
b) El resguardo de la cortadora de alambre.
c) El guante de malla de acero.
d) El pulsador de alarma antiincendios.

50. ¿Qué masa no debe supera un extintor portátil (Kg)?

a) 10 kg.
b) 15 kg.
c) 20 Kg.
d) 40 kg.

51. ¿Qué eslabones forman la cadena de socorro?

a) Testigos, telefonistas, socorristas.
b) Testigos y personal sanitario.
c) Servicios de emergencia y servicios sanitarios.
d) Victimas.

52. ¿Qué significa en primeros auxilios PAS?

a) Policía, ambulancia, sanidad.
b) Proteger, avisar, socorrer.
c) Prevenir, actuar, solucionar.
d) Ninguna respuesta es correcta.

53. Si una persona accidentada con quemaduras presenta además otras lesiones, ¿cómo se procederá?

a) Se atenderá primero la quemadura.
b) Se tratara primero la lesión más grave.
c) Se trataran simultáneamente todas las lesiones.
d) Ninguna respuesta es correcta.

54. ¿Cuál será la primera acción ante una persona con quemaduras?

a) Suprimir la causa que produce las quemaduras.
b) Mantener las constantes.
c) Aplicar agua.
d) Cubrir la quemadura con apósitos estériles.

55. ¿Qué se debe hacer en caso de hemorragias de oído por traumatismo craneal?

a) Detener la hemorragia.
b) Facilitar la salida de la sangre.

c) Mover a la persona.
d) Son correctas a) y c).

56. ¿Qué haría ante una lesión ocular?

a) Limpiar el ojo con agua abundante.
b) Cerrar los parpados.
c) Aplicar colirio.
d) Todas las acciones anteriores son correctas.

57. ¿Con qué se cubrirá una herida?

a) Con una venda.
b) Con una gasa.
c) Con material estéril.
d) Nunca se cubrirá.

58. Ante una víctima con hemorragia externa la primera medida a tomar será:

a) Hacer un torniquete.
b) Elevar el miembro dañado.
c) Hacer una compresión directa de la herida.
d) Lavar la herida.

59. La maniobra de Heimlich la realizaremos en un paciente:

a) Que presente una obstrucción de la vía aérea incompleta y esté inconsciente.
b) Que presente una obstrucción de la vía aérea completa y esté consciente.
c) Que presente una obstrucción de la vía aérea completa y esté inconsciente.
d) Que no pueda respirar con normalidad.

60. La señal que prohíbe un comportamiento susceptible de provocar un peligro es de:

a) Obligación.
b) Advertencia.
c) Prohibición.
d) Salvamento.

61. ¿Qué significado tiene el color de seguridad azul?

a) Señal de prohibición.
b) Señal de peligro-alarma.
c) Señal de obligación.
d) Señal de advertencia.

62. ¿Qué color tendrá la señal de salvamento o auxilio?

a) Verde.
b) Rojo.
c) Amarillo.
d) Naranja.

63. ¿Qué forma tendrán los pictogramas de advertencia?

a) Triangular.
b) Cuadrada.
c) Redonda.
d) Rectangular.

Solución al test n.º 13

1. a) Ley 31/1995, de 8 de noviembre.

2. a) La posibilidad de que un trabajador sufra un determinado daño derivado del trabajo.

3. b) Es un accidente de trabajo.

4. b) Evaluar los riesgos que se puedan evitar.

5. d) Se limitará al personal médico y a las autoridades sanitarias que lleven a cabo la vigilancia.

6. c) Impartirse, siempre que sea posible, dentro de la jornada de trabajo o, en su defecto, en otras horas, pero con el descuento en aquella del tiempo invertido en la misma.

7. c) Cuando los riesgos no se puedan evitar o no puedan limitarse.

8. b) El plan de prevención.

9. b) Bacterias.

10. b) Es aquel que sufre el trabajador/a al ir al trabajo o al volver de este.

11. a) Caídas al mismo nivel.

12. d) Todas son correctas.

13. b) Sustancias cáusticas y corrosivas.

14. b) Realizar trabajos con manejo de cargas o posturas forzadas.

15. a) Al uso personal.

16. d) Todas son correctas.

17. b) Las vías respiratorias.

18. a) Suprimir la causa que produce la quemadura: apagar las llamas, eliminar los ácidos, etc.

19. d) Ante cualquier circunstancia, apagar el fuego con cualquier extintor que se tenga a mano.

20. b) Están concebidos para que puedan ser llevados y utilizados a mano teniendo en condiciones de funcionamiento una masa igual o inferior a 20 kg.

21. b) Polvo ABC (polivalente).

22. a) Trabajos de deshuesado y troceado.

23. d) Todas son correctas.

24. d) Cuando su longitud sea menor que 3 m.

25. a) Debe ser avisada con antelación de qué debe hacer y cómo debe hacerlo.

26. b) Los equipos de primera intervención.

27. a) Alarma.

28. a) Acción de traslado planificado de las personas, afectadas por una emergencia, de un lugar a otro provisional seguro.

29. b) Plan de actuación de emergencias.

30. a) Quitar el pasador de seguridad tirando de su anilla.

31. b) Mantener la calma. Indicar al personal de la zona la necesidad de evacuar el centro, por las salidas definidas (siempre que estas estén practicables).

32. b) Utilizar correctamente los medios y equipos de protección facilitados por el empresario, de acuerdo con las instrucciones recibidas de éste.

33. a) El nitrógeno.

34. b) Observación de la temperatura.

35. a) Si el individuo respira con normalidad para cualquier tipo de víctima.

36. c) Se le animará a que continúe tosiendo.

37. d) Todas las respuestas son correctas.

38. b) A interrumpir su actividad y abandonar el lugar de trabajo en caso necesario.

39. d) Todas las respuestas son correctas.

40. d) Todas las respuestas son correctas.

41. b) Intensidad.

42. d) Limpieza de escaleras fijas.

43. c) 25 kg.

44. b) 5 kg.

45. c) Extintor de anhídrido carbónico (CO_2).

46. a) Agua a chorro.

47. b) Hacia la base de la llama.

48. a) La situación de emergencia producida por un fuego en cocina no se puede controlar y es necesario proceder al desalojo de los profesionales del servicio.

49. c) El guante de malla de acero.

50. c) 20 kg.

51. a) Testigos, telefonistas, socorristas.

52. b) Proteger, avisar, socorrer.

53. b) Se tratara primero la lesión más grave.

54. a) Suprimir la causa que produce las quemaduras.

55. b) Facilitar la salida de la sangre.

56. a) Limpiar el ojo con agua abundante.

57. c) Con material estéril.

58. c) Hacer una compresión directa de la herida.

59. b) Que presente una obstrucción de la vía aérea completa y esté consciente.

60. c) Prohibición.

61. c) Señal de obligación.

62. a) Verde.

63. a) Triangular.

Cómo acceder al Curso

Pinche
Test del temario

El uso de los códigos **es exclusivo de los compradores de los productos de Editorial MAD**. Cada producto posee un código único y de un solo uso. Es personal e intransferible y da acceso a servicios y contenidos adicionales. Editorial MAD se reserva el derecho de hacer cuantas comprobaciones sean necesarias para identificar al legítimo poseedor del código y dejar de dar servicio a quien haga uso fraudulento del mismo, además de emprender cuantas acciones legales estime oportunas según la legislación vigente.

Deberás acceder a:

mad.es/registro-campus

Si una vez aceptadas las condiciones de uso del Campus decides hacer uso del mismo, necesitarás del siguiente código de acceso junto con los códigos del resto de títulos que se exigen (si fuera el caso):

FAK2QX3DH4